自控术

如何管住自己的生活心理学

The Art of Self-Control

The Psychology of Taking Control of Yourself

菲尼克◎著

湖南文艺出版社
HUNAN LITERATURE AND ART PUBLISHING HOUSE

博集天卷
CS-BOOKY

图书在版编目（CIP）数据

自控术：如何管住自己的生活心理学 / 菲尼克著 .
—长沙：湖南文艺出版社，2013.2
ISBN 978-7-5404-5954-3

Ⅰ. ①自… Ⅱ. ①菲… Ⅲ. ①心理状态 - 自我控制 -
通俗读物 Ⅳ. ① B842.6-49

中国版本图书馆 CIP 数据核字（2012）第 312054 号

上架建议：心理·励志

自控术：如何管住自己的生活心理学

作　　者：菲尼克
出 版 人：刘清华
责任编辑：薛　健　刘诗哲
监　　制：陈　江　毛闽峰
特约编辑：李　娜　陈春红
封面设计：张丽娜
版式设计：李　洁
出版发行：湖南文艺出版社
　　　　　（长沙市雨花区东二环一段 508 号　邮编：410014）
网　　址：www.hnwy.net
印　　刷：北京天宇万达印刷有限公司
经　　销：新华书店
开　　本：700mm×1000mm　1/16
字　　数：200 千字
印　　张：16
版　　次：2013 年 2 月第 1 版
印　　次：2014 年 8 月第 3 次印刷
书　　号：ISBN 978-7-5404-5954-3
定　　价：36.00 元

（若有质量问题，请致电质量监督电话：010-84409925）

自控有术 序

只要是地球人，意志力就是有限的。着眼于意志力，问题就永远停留在了待解决阶段。自控并不是该不该的问题，而是怎么办（how）的问题。

先确定你是否需要它

外企的福利水平普遍较高，但是压力也比较大，所以有些外企要么专门配备心理咨询师，要么寻求外援，我就是其中的一个咨询师。粗略算来，也差不多快五年了，看着不同的人焦虑地来、高兴地走，我很欣慰。但是，他们在我眼里，不太像是一个又一个的人，倒更像是一拨儿一拨儿的人，甚至可以说，就像一个人，因为他们面临的和需要解决的，都是同一个问题：生活失控，寻求自控力。于是，我每天的工作就是开着同样的"药方"，日复一日地重复着。当然，收入还蛮高的，因为我的"药方"确实还算管用。而且，如何帮助人们提高自控力，也是我的乐趣所在。

但是，日复一日机械地重复着同样的事情，使我觉得很无聊，每天都滚瓜烂熟地重复着同一个程序，让我感觉生活有点儿僵化。我想，我

自控术

也算是个资深的心理咨询师了，不如写本书，把"自控术"这件事儿向大家彻底说清楚，谁需要就自己拿回家去照做好了，这样也能节省我好多精力。而且我发现写东西比做咨询还有意思。于是，我就开始动手写了，不小心就写了这么一大撂。

在我的眼里，来咨询的人可以细分成几类，首先看看我每天都接触到哪类人吧，编号如下：

A太太很苦恼，逼着A先生来做咨询。A先生最近因为抽烟，导致咳嗽越来越严重了，虽然A太太每天都会在他耳边唠叨抽烟的坏处，可A先生每天还是要抽两包烟，这种情形持续了快二十年了，一边后悔一边猛抽。这不，又点上了一根。

B女士总觉得火气上蹿，遇到芝麻大点儿事儿也会火冒三丈，和同事的关系也很糟糕，"后悔"从来没有阻止过她的火气，回家后情况更糟，好像老公的每句话都能激起她无限的斗志。

C小姐最大的"爱好"就是失眠和迟到。每天早上醒来时，其实她心里清楚只要再赖在床上五分钟就会迟到，并会接到一张处罚单，然后被上司叫去"喝茶"。但是C小姐在谴责了自己一句之后，倒头又睡了个回笼觉；到了晚上，她知道如果不早睡，第二天早上肯定又得痛苦地挣扎一番，但还是忍不住地拿着遥控器来回换台，最后锁定《甄嬛传》，躺在床上熬到半夜一点，一边后悔一边看，第二天依旧是继续后悔、继续看。

D小朋友心里清楚还剩两天就要考试了，但当他一坐下来打开书，就会发现桌子太脏了需要擦一擦，擦完桌子又会发现房间好像不太干净需要整理一下，整理完又会忽然发现好久没给姥姥打电话了……等所有的事情都做完之后，他才意识到，是不是已经太晚了，该睡觉了。

E女士知道吃完饭立刻洗碗会比较妥当，但每次吃完饭就懒得去洗，于是她每天都下决心：下次一定改！

F小姐知道爬楼梯可以帮助自己减少肚子上的赘肉，可是每次经过电梯时，都忍不住按下按钮；晨练的计划一直于筹备阶段搁浅，但她每天都坚信，明天早上一定会去公园的。

G设计师的设计方案日益临近截止日期，他也明白自己必须要抓紧时间了，可是微博的粉丝不能无视，最近又听说出了部新电影，不看就对不住自己了。

…… ……

这就是我遇到的怪怪的人们，他们乐此不疲地做着自己认为不该做的事情，一边后悔一边继续。吸烟、酗酒者一般会自怨自艾、自暴自弃，他们非常清楚吸烟会让他们咳嗽得厉害，喝酒会让他们痛恨自己，但是他们仍是管不住自己，行为完全不受自己约束。问犯罪分子为什么作恶，大部分都明白其原因是管不住自己。当然，他们都知道后果的严重性，但仿佛又有什么力量鬼使神差地驱使着自己去干。这种解释，并不是借口，而是事实。他们被迫做，不是因为意志力不够强大，而是感觉自己仿佛被另外一个人控制住了。

那个控制住他们的另外一个人很坏，老让他们干坏事儿；同时他又很强大，超乎人们的驾驭范围，人们只能日复一日地眼睁睁着这个强大的坏人干尽丧尽天良的勾当。最可悲的是，人们连他是谁都不知道！

既然如此，那不如我们就把他叫作"X"吧。这个邪恶的、强大的X，最可怕的地方是：做坏事的是他，负责任的却是别人！X每天都在放纵、逃避、拖延，在他追求自己的快乐的同时，让别人为他的快乐埋单。比如X觉得吸烟实在有意思，但是得肺气肿的却是A先生；X总想痛

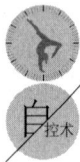

快痛快嘴，见人就想骂，见事儿就起急，但给他"擦屁股"的却是B女士；X躺在床上拒绝入睡，C小姐在白天却困得要死；X拒绝进入状态，喜欢在网上耗着，D小朋友的老妈却会对他说："放着正事儿不干，天天瞎折腾"……

而且，人们一致认为，正是这个X让他们的记忆力日渐衰退，慢慢变成了一个健忘的人；正是这个X让他们的注意力像脱缰的野马一样不受约束；正是这个X让他们莫名其妙地"压力山大"，长期处于焦虑不安的状态，而且干什么事儿都虎头蛇尾，难有长性……

他们认为这个X是自己。于是，他们自责、自轻、自贱，骂自己是个孬种。但我得说，X可不是孬种。如果你也有相同或类似的问题，就要先知道这个X是谁，因为只有知己知彼才能百战百胜，否则，认不清敌人的模样便开打，就好比打蛇却不知道蛇的七寸在哪儿一样，难以击中要害，因而无法一下子将它制服。

不过，在说知识和讲方法之前，我要先做两件事：第一，因为专业的心理学知识是学术类的东西，晦涩难懂，所以我把那些专业术语都变成了通俗的语言，可以帮助你更容易理解；第二，我要先纠正一些来自于心理咨询师或者是你自己的错误观点，正是那些普遍流行的谬论，让人们陷入失控的状态之中而无法自拔，那些披着真理外衣的谬论之一就是人们经常用来评判自己或他人失控的理由：缺乏意志力。

努力反向效应

若想获得自控能力，其前提是首先要放弃意志力这个东西。这不是说意志力不可以培养，不可以训练，而是因为存在"努力反向效应"（the Law of Reversed Effort），意思就是说，越努力越做不到。凡是需要调动**"意志力"的，十有八九都是以失败而告终**。这个效应很简单，理解起来也不费劲儿。

"意志力"的定义是什么？完全控制自己行为的能力（The trait of resolutely controlling your own behavior），基本等同"抑制力""自制力"等。人们一般认为，意志可以战胜一切！但是我想说：**意志在"期待"面前，就像影子见到了光，不堪一击，一击即溃。**

什么叫"期待"？这里的期待不是"希望"，而是满脑子在想什么。比如你害怕自己会发胖，那么你满脑子都是"胖"，"胖"就是"期待"；如果你担心自己睡不着，那么，你满脑子就是"睡不着"，"睡不着"就是"期待"；如果你怕自己上讲台后会"忘词儿"，那么"忘词儿"就是"期待"……总之，满脑子想什么——无论你是"希望"它出现，还是"担心"它出现，或是别的什么，你都是在"期待"它。

每个人都有自己的一套哲学体系，用来观察和解释这个世界，当你开始用自己的哲学来解释这些行为，请暂时抛开。在通俗心理学中，这叫"努力反向效应"，起作用的力量是"期待"，与努力一点儿都不搭边儿，跟意志力也不搭边儿。

只要意志和"期待"发生冲突，行为的结果就一定是意志的反向，所以我们才会禁不住去做那些自己竭力反对的事情，所以我们才会越努力可越做不到，而"缺乏意志力"是最方便的解释，同时也最具误导性，它让我们永远停留在"意志力待开发"阶段，问题也就永远解决不了。

我们还可以引用别的案例来证明，就拿你自己的亲身经历来说吧。回忆一下，你就会发现只要意志力介入，通常都会失败，仿佛意志力总

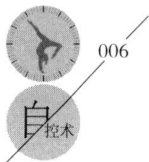

在火上浇油。

我们用失眠来举个例子：如果你不逼自己睡觉，那么便自然而然地睡着了。但是，你用意志力强迫自己睡，比如你要求自己在半夜十二点之前必须睡着，往往是越努力地睡，却越加睡不着。假使第二天有重要的事情，你会毫不怀疑地认定是由于紧张或焦虑在作怪，但实际上它们只是"努力反向效应"的媒介，其实真正起到作用的力量，也就是导致"紧张"的原因，还是"期待"。你越是动用意志力去逼迫自己睡，就会越是加强"睡不着"的"期待"，这是显而易见的。

我们还可以回忆一下自己刚学骑自行车或是第一次练习滑板时的情景。路上，你远远地看到一个障碍：一块石头、一个水坑或是迎面走过来的一个人，你告诉自己，我不能撞上去！你对那个人大喊一声："别动啊！"但是，你越努力想避开，却偏偏越是撞个正着。我想那人爬起来之后会大加赞叹你的技术："我说为什么不让我动呢，原来你是把我当靶子了，真准呀！"这时候你的意识到底是什么样子的？你会解释说："我不想撞你的，但就是撞上了，我控制不了自己。"这根本不是你的错，更不是意志力的错。

假如你根本不去在意自己能不能睡着，或者会不会撞上去，那你就会睡着了、撞不上去。而一旦意志力参与进来，就会调动相反的"期待力"，此刻"期待力"不仅把意志力瞬间击溃，同时还会让意志力为虎作伥、为所欲为，让相反的结果更快出现。

我还可以举出几千几万个例子来，但尽管例子再多，其证明的道理也只有一个：**意志力越强，与之抗争的"期待力"就越激烈，意志力就越快被摧毁，坏结果也就越快出现。**

其实，如果把努力反向效应分解出来，其实也就这几点：

1. 决定人行为的，是"期待"的力量，而不是意志力。

2. 每当意志力干涉行为时，那么意志力就一定会失败。你越想那样做，就越会得到完全相反的结果。

3. 意志力越坚挺，结果就越糟糕。意志力会助长"期待"的能量；意志力涨一倍，"期待"的能量就涨两倍。

因此，"你就是缺乏意志力""你应当努力""要有毅力""要坚持"等指责，都是不负责任的。正是这个指责，把人的生活推向了水深火热的境地，不管这指责来自于自身还是来自于他人。

你可能仍然对意志力抱有一丝幻想，因为你联想到了很多通过坚强的毅力做成了很多事情的人，比如《荒野求生》里的贝尔，比如屡遭拒绝却坚忍不拔直到建立阿里巴巴的马云，还有小时候连口干净水都喝不上的潘石屹，还有……

如果你的意识里保留丝毫类似的想法，相信"意志力可以解决很多事情""只要坚持就能成功"之类的鬼话，那么，你已经被洗脑、被忽悠了。"意志力"这个东西仿佛很有贵族范儿，只有成功的人才有资格谈论它；意志力是一道佛光，仿佛一个人只要做了件了不起的事儿，就必须把它归功于吃苦耐劳、意志坚定；如果一个人的成功没有来自于意志力，那成功就显得不那么光彩了。这是整个世界给我们传达的最错误、最有误导性的一个论断，就拿贝尔来说吧，他是靠意志力才到荒野里去求生的吗？错！那是他的爱好，他喜欢冒险；那是他谋生的需要，他能因此获得不菲的收入；那是他的工作，摄像师在旁边跟着，他要停下脚步，整个剧组就都得被拉后腿……

因此，从现在开始，**你必须完全消除对自制力的幻想，必须认为意**

自控术

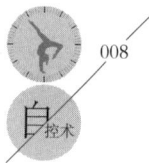

志力一点儿用都没有，我们才有继续的必要。

自控就像打蛇，得先知道"七寸"在哪儿

自控不仅仅是一项心理能力。很多到这儿咨询的朋友，都不是第一次找心理咨询师了，但是他们又不得不找人咨询，是因为没有达到预期的效果。那些不起作用的建议，除了"缺乏意志力"之外，还有很多伪命题，都是些普通人认为绝对正确的谬论。这一堆披着真理外衣的谬论，让人乍一听会感觉特别有道理，但是实际操作起来根本不可能实现，因此永远也得不到想要的结果。比如"发火之前必先数五个数，就能减弱火气""抽烟之前必先停十分钟再抽，就能消除多巴胺，大大降低烟瘾""暴饮暴食之前必先告诉自己有关身材苗条的好处，就会减少食量""大骂自己是混蛋就能逼迫自己起床"……

为什么这些是伪命题？是的！因为：

1. **自控策略不能以我们"已经有意志力"为前提**。而这些所谓的自控练习，恰恰是在"我们已经有意志力"的前提下进行的。比如，我们必须首先要抑制自己的火气五秒，才能抑制发火；我们必须首先抑制烟瘾十分钟，才能抑制吸烟；我们必须首先抑制自己的食欲，再去少吃……

2. 用克制自己、侮辱自己、鼓励自己的方式，妄图重新掌控生活，把它从不知道什么人的手里夺回来的时候，一开始确实有些效果，但很遗憾，这只能治标而无法治本，难以持久，第二天就完全失效了。不仅如此，反而还会出现报复式反弹。

3. **客观目标管理只能增强意志力，从而导致降低自控力**。之前提过意志力和自控力的关系，例如：不吸烟或不酗酒有很多好处、不乱花钱

有很多好处、不随便发火有很多好处、不拖沓有很多好处、锻炼身体有很多好处……这些就是客观目标管理。一个"老烟枪"在另一个心理咨询师那里就会忍不住大发雷霆："戒烟有什么好处难道我还不知道？用得着你说？直接告诉我怎样戒就行了，少说废话！"罗列吸烟的坏处和戒烟的好处，确实能增强意志力，但是不可能有效果，因为意志力和自控力基本上是反向对抗的关系。

　　那么，我们究竟该如何掌控自己呢？咱们举个例子说明：陆游教自己的儿子写诗的时候说"汝果欲学诗，功夫在诗外"，意思是，要想写一手好诗，就不能学习韵脚、平仄、遣词造句什么的，那都是皮毛功夫，关于作诗的真正的功夫，恰恰和诗没有任何关系。按照"功夫在诗外"的理论，要拥有掌控生活的能力，就不能从生活入手；要改变行为模式，就不能从抑制行为模式入手；要获得心理层面的自控，我们不能仅仅依靠向心理学寻求解决方法，更多的是要从外部寻找原因，这并不是为了取悦任何人，而是因为从内在寻找原因的手段是无效的。失控的原因主要来自于生理和环境，不能把自控力全都归结为心理学问题，从而用心理学方式解决。如果躺在床上想想就有了自控力，那么人们干吗还要挣扎？仅用心理学来解决自控问题，不仅我没遇到过成功案例，估计你也没遇到过吧？所以，我们必须得做些什么才行，只用思考，就没法解决问题了。因为，如果把问题都归结于心理问题，那么到最后就有一个结果："没意志力""缺毅力""重在坚持"。问题是，怎么才能获得这些东西呢？突破不了心理学层面，就无法找到解决实际问题的方法，即便你说得再动听，那么也只是动听的胡扯罢了。

　　自控的反面是失控，而失控的自我，就是你不了解的自我。综合神经学、生理学、心理学、社会学等各个学科之后，你会发现，人其实

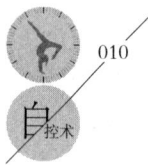

分成七个层面（有点儿像《盗梦空间》里的调调儿，不过我估计那作者也是个不安分的心理学家，受了神经学和生理学的影响吧）：第一层，多巴胺-ATP（腺苷三磷酸）系统，它主管短期能量的爆发；第二层，肌肉组织系统，它主管长期能量的储存；第三层，情绪脑，它产生各种情绪，以应对危险；第四层，神经链系统，如果"百分之九十八的大脑没被激活"这个假设成立的话，休眠的大脑被激活后的主管人就是它。它负责惯性，比如每天早上会在什么时间醒来；第五层，镜像自我，它主要负责把环境变成"我们"，又叫作社会脑或环境脑；第六层，自知力（这可不是自制力），它主要负责我们的未来是成功还是失败；第七层，专门干坏事求乐子的自我，这个自我和意志力是一对，构成一个层面的自我，但是因为意志力是我们已知的自我，所以可以将意志力暂且抛开。

人就是由这七个层面的自我组装融合而成的，但每个层面的自我，都有一个"七寸"。不知道这些层面的自我，就不知道对手是谁，更不知道对手的七寸在哪儿，也无法击垮对方。所以，本书的重点就是这两部分：对手是谁，七寸在哪儿。

认识了这七个自我，掌握了这七个自我的弱点并协调好它们的关系，完全掌控自我就成了一种必然。而另一方面，自控者必能掌控环境，当你成功地控制了自己的生活之后，财富、成功之类，也就只剩下时间的问题了。

在七层自我当中，意志力只是其中一个层面的一个侧面，所以说，马云、潘石屹这些人的意志力不见得比你强大多少。那么他们到底和我们有什么不同呢？我认为他们学会了协调这七个自我，让自己不和自己打架，所以成功控制了自己，并成功控制了环境。协调好这七个自己，这样就能一个人顶七个人，就能管理好一个团队，就能让一个团队给自己的成功加分。但是，成功并不是全部的结果，因为家庭幸福、人际关系广泛、有经济保障、能做自己喜欢做的事，都是自控的副产品，**自控的主产品，是存在感、价值感和通体透亮的幸福感。**

　　好了，我们就要去精确捕捉失控的根本原因，并科学地实施自控方案了，你准备好了吗？

自控术

目录
CONTENTS

白控术

第三章 ┃ **肱二头肌的智慧**
　　　　能量蓄水池

第四章 ┃ **我拒绝一切变化**
　　　　神经链

第五章 | **肥胖传染病**
       | 镜像自我

第六章 | **我专门负责幺蛾子**
       | 反意志力

第七章 | **天庭饱满真的是福相**
        前额叶

第二部分　**实践自控：**
先立竿见影，再长治久安

第八章　**七层自我模板**
　　　　瞬间遏制和摆脱纠缠

第九章　**吃货**
　　　　身体和大脑的对抗　/155

第十章　**拖延**
　　　　为什么我们进入不了状态

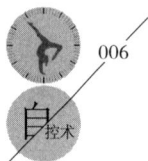

第三部分 | 透心儿亮看世界

第十五章 | 那些与自控有关的事

第一部分

那些你不知道的自己：
"我"的七个分身

自控术

现代社会，信息过剩、时间不够、压力太大、诱惑太多……但让我们屈服的，不是诱惑和压力本身，而是我们先和自己打了起来，还怎么有力气去应对生活的挑战呢？

所以，自控的前提是弄清楚哪部分和哪部分打起来了。

人可以分为七个部分，就像七个层面的自我，共同构成我们称之为"我"的东西，而自控的前提是先弄清楚那七个自我在干什么，为什么这样干，哪儿出现了矛盾以及如何把它们统一起来。当七层自我开始协调统一的时候，看起来就像意志力爆发，其实只不过是它们统一意见罢了。

而且，这七个次人格都不是来给你捣乱的，大自然进化了几百万年才进化出来的东西，不可能是多余的，任何一个"它"都有存在的价值。比如：**拖沓**，可以用来延迟满足；**半途而废**，可以用来戒烟；**胆小**，可以用来规避一些投资风险；**无法集中注意力**，可以用来抵制诱惑和多工作同时进行（mult-task）……

最后，别跟任何一个次人格讲道理。如果你二十八岁，那么每个自我都只有四岁，跟四岁的小孩讲道理，他是不会听的，得有策略才行。

爱上橡皮艇的黑天鹅

第一章

多巴胺–ATP系统

爱情是可以人工造出来的，绝对货真价实，无论从生理层面还是心理层面；上瘾时的冲动，其实和恋爱是一个原理。

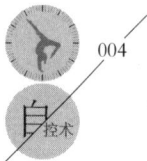

爱情制造程序：

为什么错恋比正常恋爱更加热烈

2006年5月初，德国明斯特尔动物园里来了一只黑天鹅，湖上有一只供游人游湖时用的白色塑料天鹅船。黑天鹅很快就注意到了白天鹅，并立刻陷入爱河。它化身为白天鹅船的护花使者，每天都围着它游。白天鹅船开往哪里，它就跟到哪里，无论刮风还是下雨，不离不弃；即便周围有真的天鹅，它也视若无睹，始终对白天鹅船情有独钟。每当人们想靠近这艘船时，黑天鹅便发疯似的拍打着翅膀，企图把人赶走；每当夜幕降临的时候，它就把头藏在翅膀底下，在白天鹅船的旁边睡下。

这只情窦初开的黑天鹅，傻乎乎地爱上了这只白色的天鹅船，这才是真正的情痴啊。它每天形影不离地跟着天鹅船，发出兴奋不已的叫声。它声嘶力竭地呼唤求爱，力量足以冲破所有姑娘的心房，但白天鹅却一直保持沉默，倔强地不予回应。因为它没有感情，它只是一只塑料制成的脚踏船，永远感受不到来自黑天鹅的呼唤，更无法回应它。但黑天鹅不在乎，只想痴痴地跟着它，享受与它朝夕相处的乐趣。因为人们不知道这只黑天鹅的性别，于是给它起了个男性化的名字——彼得。

明斯特尔动物园的生物学家狄克认为，黑天鹅的这种行为说明它正处在发情期，黑天鹅发情期只有5月到7月，所以，这种热情能维持多久很难说。但是，夏天过去了，冬天到来了，它还是不肯飞走。11月的时候，由于脚伤，彼得被强行带离了。离开白天鹅船后，它离奇地陷入了悲伤，这使得工作人员不得不把白天鹅船一起带来。

后来经过性别鉴定，人们发现彼得是一只雌性黑天鹅，于是把彼得改叫皮丽娅。为了让皮丽娅和真天鹅相爱，动物园工作人员曾为它介绍了几只真天鹅，可皮丽娅根本不理睬它们。它就这样一直苦苦地守候着它的"白天鹅王子"，虽然不曾得到一句甜言蜜语或一个温暖怀抱，但它始终不离不弃。2007年，它们在湖上又幸福地度过了整个夏季，直到这年冬天，湖泊改造时，白天鹅船被挪走了，黑天鹅才终止了这段动人的"错恋"。

要说到错恋的生理学基础，就要说到1954年美国心理学家詹姆斯·奥尔兹（James Olds）和彼得·米尔纳（Peter Milner）所做的一个著名的实验。当时的科学研究表明，大脑是没有痛感的，于是，他们把电

自控术

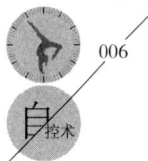

极埋进小白鼠的脑袋里，想知道电流刺激会不会让它们产生厌恶感。大多数白鼠都产生了厌恶感，这是很自然的。但是，其中一只小白鼠的行为却很诡异，它不仅不讨厌电极，反而好像很喜欢它，它不停地按动电钮接通电源，直到精疲力竭而死。这引起了奥尔兹和米尔纳的兴趣：难道这只小白鼠有自虐倾向吗？于是，他们精心设计了另一个实验以便进一步测验。

他们做了一个横杆，可以控制电流刺激，只要小白鼠一按这根横杆，微电极就会产生电流刺激大脑中插着电极的那部分。结果，小白鼠们一学会按压横杆，就以近乎疯狂的热情来刺激自己。每只老鼠都以极高的频率按压横杆，平均频率为六次/秒，连续按十五个小时到二十个小时，直至筋疲力尽，呼呼睡去。但一醒来，就又会去按压横杆。为了进一步搞清小白鼠对这种刺激的迷恋程度，他们特意在小白鼠旁边摆上食物，并在老鼠和横杆之间放上一个强电流铁架，但小白鼠们竟然对旁边的食物置之不理，不顾触电的痛苦，拼命爬过铁架，扑向那根能刺激它们的横杆。后来这个实验在医院脑外科病人那里也得到了类似的结果。他们发现，病人特别喜欢这种刺激，如果把开关交给病人，他们也会疯狂地按压按钮，忘了吃饭，忘了睡觉，忘了伤痛，直到自己被制止时仍然极力反对结束实验。由此，奥尔兹得出来一个结论，这部分大脑一定是一个产生快感的中枢，他把它叫作愉快中枢（Pleasure Center）。

原来，这个不小心被插错电极的地方，叫作伏隔核，是中脑的一部分。只要小白鼠按一次按钮，大脑就会因受到刺激而聚集大量的多巴胺，而多巴胺也是高成瘾性药品（如可卡因、安非他命）的作用媒介。

但是奥尔兹错了，后来的科学实验和病人体验证明，**多巴胺并不产生快乐这种情绪**。"我并不感到快乐，而是极度的焦躁不安、极度的兴奋和极度痛苦的混合感。"一个病人说。

多巴胺是一种什么物质呢？是什么魔力让这些小白鼠忘记食物、忘记休息，一心只想去体验、去行动，直到自己筋疲力尽、饥饿而死呢？难道真的有一种"极乐"的感觉，让小白鼠们冲破电流去行动、让人们忘记食物去刺激自己？

要解释这个问题，首先要知道多巴胺是干什么用的。原来，多巴胺分泌以后，会瞬间水解细胞中的葡萄糖，使其转化成ATP，而ATP很不稳定，或者说，就是必须马上被用掉的能量，不以这种形式消耗，就会以别的形式用掉，否则能量就会堵塞，会让人失去对它的控制能力。这就像已经冲破堤坝的洪水，必须有所归属。

所以ATP产生后，人倾向于行动。必须立刻行动，以爆发式的行动消耗掉ATP这种瞬时能量。所以当我们觉得自己"忍不住"做什么事的时候，比如爱上一个人，比如发火，比如吸烟，比如突如其来的饥饿感，你就应该知道，这是多巴胺-ATP系统在勤奋工作中。

多巴胺-ATP的整个链条是这样的：外来刺激→多巴胺→葡萄糖→ATP，简化后是某种刺激→ATP。如果该链条被激活三次，并得到强化，就会形成惯性，也就是你会爱上这个刺激。如果这个刺激是按钮，小白鼠就爱上了按钮；当这个刺激是天鹅船，黑天鹅就爱上了天鹅船；当这个刺激是同性，人就会成为同性恋；当这个刺激是一个物体，人就会得恋物癖；当这个刺激是一个行为，人就会得强迫症；当这个东西是微博，人就成了微博控；当这个刺激是吸烟、喝酒、暴饮暴食、上网等，就产生了各种瘾症……

要对付多巴胺系统，心理治疗根本就不管用，因为多巴胺产生的同时，夹杂的极乐感可以冲淡任何痛苦，夹杂的极度痛苦感可以让其他痛

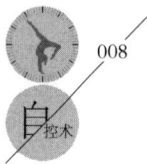

苦感失效。

错恋是如此形成的，自然正常恋爱也是这么产生的。美国的情场浪子有一个招数能够搞定很多姑娘：利用多巴胺。比如一个小伙子酒吧遇到一个姑娘，可以礼貌性地给姑娘买杯饮料，他可以利用这个机会在杯子里放一些多巴胺。三次之后，这个姑娘就会爱上这个男人。

而且这种爱，是根深蒂固的爱，这可不是上完床就分开的那种。因为小伙子（刺激）→多巴胺→葡萄糖→ATP系统，经过三次激活，已经让她爱上了他，这可是妥妥帖帖的"爱情"，扎扎实实的、真正的身体反应啊！

你说，这岂不是有很大的风险？不，多巴胺这种东西，无毒无色无味、易溶于水更易溶解于乙醇（酒精），对方很难察觉。这不犯法吗？被警察抓到怎么办？当然不犯法啦！这一不是毒药，二不是迷药，三不是春药。而且，如果你给酒吧服务员几美元小费，他会替你这么做的：不伤害身体、撮合鸳鸯还能赚点儿外快，何乐而不为？不过，这对女性来说，确实很被动，因为她产生的爱情是实打实的爱情，而情场浪子的目的却是上床之后赶紧脱手！为什么美国人离婚率那么高？我感觉，可能这是部分原因，爱情其实是可以制造的。一个异性出现（刺激）时总能激活某人的多巴胺分泌，并且出现三次以上，那么，对于这个人的恋爱神经链就会初步形成，你就会觉得自己爱上了对方。

欲罢不能：
人为什么会对折磨自己的东西乐此不疲

有很多关于多巴胺的爱情故事，因为爱情本来就是多巴胺分泌的结果。不过，多巴胺分泌的并非是甜蜜素。正如夜莺经常被比喻成恋爱的使者，它的歌声就像是恋爱——没有欢乐，全都是酸涩、焦虑、期待、揪心之类的感觉。对了，这就是多巴胺的效果，它带来的并不是快感，因为多巴胺并不带来快乐。

如果多巴胺-ATP能量不降解，或者恋爱不能实现，会出现什么结果？能量会被不断积累，无处发泄，所以会形成更加强烈的欲望，这就像不能被泄流的洪水最终会拥有毁灭的力量一样。

话说，如果小白鼠真的得到了它想要的东西，它就不会一直按电极直到杀死自己了；如果瘾症（烟瘾、酒瘾、赌瘾、网瘾等）和强迫症（微博控、BBS控、网络游戏控等）、错恋（同性恋、恋物癖等）真的得到了满足，那就会像正常恋爱一样随着多巴胺的消失而消除了。但关键是，它们都没有得到正常的满足。因为指向错误，所以多巴胺根本就不可能降解，能量不可能被释放，于是，这些"爱情"的时间长度超越了想象，其牢固性令人惊叹，热烈的强度也不正常了。所以，"得不到"和"已失去"就会一直刺激多巴胺-ATP系统不断持续升温，还会持续很久。所以"爱情使人消瘦"这句话不科学，可以改为"得不到的爱情使人消瘦"。

综上所说，ATP能量是需要发泄的，不能用意志力来抑制它，否则就会被"得不到"和"已失去"持续刺激，积累更多的能量。所以戒烟的人会脾气暴躁，节食的人会成为购物狂，同性恋迫于社会压力反而会更"坚贞"……而且，如果强加抑制多巴胺系统，这部分能量又已经形成，它就会转向破坏其他方面。毕竟能量已经出现，不以这种形式消耗，就必须用另一种形式得到宣泄。所以，爱发火的人却老憋着，就会破坏身体内部组织细胞；强迫自己不上网，就会憋出毛病来；戒烟方法

自控术

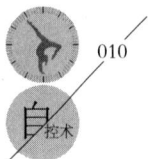

不当，就会容易和人发生龃龉，所以我们强迫不了自己去做任何事情。虽然知道美德标准、意志力、改变习惯的众多好处，而这些都不可能也不应当让多巴胺系统冷却下来。即使强迫成功，也会"杀敌一万自损八千"，而且，这敌人还是你自己，也就是当你打败作为自己的一部分的多巴胺–ATP系统的时候，会自损一万八。这就是前进了一小步后退了两大步，得不偿失啊！

欲望系统vs快乐系统vs厌恶系统

总是有很多欲望，干掉上司欲、食欲、性欲、攻击欲、不干正事欲（拖沓欲、放松欲、抽烟喝酒欲）、花钱欲等，但并不是所有的欲望都足够强烈，其中只有瘾君子的吸毒欲是最强烈的。

有一种戒毒的方式是这样的：以破坏特定的大脑区域的方式来消除成瘾行为，步骤如下：首先给毒瘾发作的人看吸毒录像，刺激他们的多巴胺系统，然后把大脑的兴奋点作为特定靶点进行定向破坏，或者在患者最兴奋的时候打一剂安定，以破坏负责吸毒的大脑神经。

但是，通过这种方式戒毒之后的患者会变成什么样子呢？他们不再想吸毒，但是也不再有欲望，不渴、不饿、不想动弹……

然而他们吃东西时候也会很高兴，这说明快乐中枢还是在的；但是即使饿死也不会想到要去找东西吃，说明只是丢了欲望系统。

没有了多巴胺–ATP系统，人会抑郁、郁闷、冷漠，而不是安宁。

婚姻是爱情的坟墓，这话一点儿不假。如果黑天鹅和一只真正的天鹅交配了，那过了发情期，这段恋情也就结束了。对小白鼠的食物测试同样证明了这个观点，给一群饥饿的小白鼠放食物的气味，它们体内的多巴胺的浓度非常高，但是当真正得到食物的时候，伏隔核就安静了下来，另一个区域开始产生快感，小白鼠也开始安静下来，不再行动。这说明，**多巴胺–ATP系统只负责欲望，不负责快感，快感系统和欲望系统是分开的**；另外，满足欲望（吃到食物）的快感很弱，欲望的快感（要吃食物）则强烈得多。

审美疲劳也能说明欲望系统和快乐系统的分离。人性认为，习以为常的美就不再是美，从天天见到的美中获得的快乐就不再是快乐，所以老婆再漂亮，可男性总会觉得别人家的媳妇比自己家的漂亮，并且很容易和比自己老婆丑很多的女人发生出轨行为。

而厌恶感则由脑岛掌控，想买一件东西时一翻标价牌发现贵得要死、看到黄褐条纹的黄蜂、看到一个大美妞刚想要上去搭讪结果出现一个高大威猛的男士，这都跟头部被猛揍了一拳时的大脑反应是一样的：脑岛发亮，厌恶系统启动运作。科学家们发现一小时不吸烟，脑岛就会积极活动，使身体产生厌恶感，很不舒服。所以要解除瘾症（欲望），关键是如何让这个系统消停下来。

为什么大自然要进化出这个自我

多巴胺–ATP系统层面的自我负责冲动。冒失的人会说："我当时脑子一热，就干了那件蠢事儿！"购物狂人会觉得刚发的工资很烫手，韦小宝赌瘾发作了会说："好几天没赌了，手痒了！"为啥头脑会发热、钱会烫手、手会发痒？能量积聚起来了，需要瞬间爆发，又因为ATP必须被消耗的特性，一定要被发泄。

这个层面的自我没有时间感，所以我们会"停不下来"。这个系统

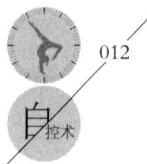

持续时间很短，只要八秒钟至十秒钟就会过去，最长的也不会超过二十秒钟。

这个层面的自我，不在乎结果。比如赌瘾上来了，赌徒就根本不在乎钱。输钱也好，赢钱也罢，那些都不重要，重要的是紧张、刺激、痛苦、亢奋、大悲、大喜的极乐感，重要的是多巴胺–ATP的能量必须被瞬间消耗掉。

多巴胺–ATP系统永远停留在了追求的阶段，只求欲望，不问结果。就像一头驴子看到挂在面前的胡萝卜，就会一直追下去一样，它才不在乎能不能吃到胡萝卜，它要的只是追逐。驴子累了就会停下来，但是多巴胺不会，只要吃不到，它就会一直追下去。

而且，它没有满足感，不是因为它太过贪婪，而是因为大自然没有给它设置产生满足感的器官。它就像只饕餮，永远都在渴求，永远不会安宁；而如果消灭掉它，你就变成了僵尸，没有渴求，生而无趣。

中医里把过剩且无处发泄的多巴胺–ATP能量称为"邪火"，意思是"像中邪一样的火气"。英语里也形象地称为"burn"（发热，灼伤），比如My hands burn（我的手发痒），My desire is burning（我的欲望在燃烧）。

但是不要认为这个自我只会干坏事儿，它存在于我们身上，自然有它的道理。我们要知道，就像其他六个自我一样，它们都不是坏人，不仅不是坏人，而且是我们不可或缺的一部分。从进化学的角度来讲，大自然只会保留那些有利于生存和繁殖的优秀基因，ATP能量就是其中的一种。它是爆发式的能量，持续时间很短，瞬间爆发，这是资源短缺时人能够在严酷的环境中生存繁衍的基础之一。看到食物就瞬间充满力量，看到配偶就瞬间能量爆发，这在食物稀缺、异性被独占的时候，是绝佳的生存本能——只有它的存在能够保证我们生存下去，只有它能够在配偶的争夺中瞬间发力，保证自己基因的延续。

现在，把时间上溯到两百万年前，找到我们的直系祖先，一个在残酷的自然选择中胜出的直系祖先，我们正是他的嫡系子孙。我们都非常感谢他，因为如果那时他死了就没有现在的我们了，正是他，把适应环境的基因经过几万代传递给了我们。而他的众多兄弟姐妹们都死了，都没能留下后代，只是因为基因不适合生存。我们不妨把这个直系祖先称为"优势基因祖先"。

看，周围都是狮虎豺狼，食物非常有限，他该怎么活下去？看，周围都是强壮的雄性，而配偶的数量有限，他该如何把自己的基因传递下去？他变异出了这个系统，即：当他看到狮虎豺狼在争夺食物或者同类在霸占配偶的过程中，多巴胺瞬间分泌时产生大量的ATP能量，他的优秀基因就会立刻效仿，使他成为一个力大无比的勇士，不但保存了生命，获得了别人获得不了的食物。而且，他还有了配偶和孩子，使自己和自己的基因都保存了下来。而没有这个系统的兄弟姐妹们，全都死掉了。于是，多巴胺—ATP系统作为在大自然中胜利的标志和奖励，被保存下来，进入了我们的基因，成了我们的一部分。

不过，这个层面的自我，无论有没有结果，都会努力向前，也不在乎是不是真的能够和美女发生关系，只要有色情图片和黄色录像看即可；或者，是不是能抽支烟或吃某个东西也没关系，它只是想要抽到它或得到它；同理，我们会看奢侈品杂志、看房地产广告，不管自己会不会买。总之，越得不到就越要得到，不管能不能得到，先去行动一番再说。

假设有这么一个场景：数百万年前的一年，全球大旱，食物极其短

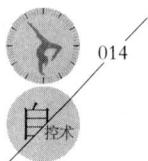

缺。有两个原始人很幸运，他们看到树上有一个苹果，其中一个试了几次就放弃了，于是他饿死了，他的孩子也饿死了；可是我们拥有优势基因的祖先则不同，他并不在乎最后是否一定会得到它，他只知道自己必须不停下来，于是想方设法去得到它，越得不到越要去试，试了一遍又一遍。最后，他摘到了果子，养活了孩子，"越得不到越想得到"的基因，也得以保存和流传了下来。

另外，多巴胺-ATP系统还掌管着生的乐趣，它来自动物对生的本能的渴望，它告诉我们："活着真好！"

有一个人跑去问医生："请问我可以活到一百岁吗？"医生问："你抽烟吗？"那人说："不抽。"医生问："喝酒吗？"那人说："不喝。"医生问："泡妞吗？"那人说："不。"医生问："那你活一百岁干什么？"这个笑话是说，如果没有了ATP这个自我，人就会失去欲望，不饿、不渴、不想异性，没了欲望，活着还有什么意思呢？反正我可不希望变成禁欲的僧侣，你也一样吧？

双手抬起半吨的轿车

第二章

情绪脑

情绪脑是用来应对生命威胁的。情绪脑的工作链条是：警报系统→情绪激素→腺素→能量。所以，情绪就是能量。

应激反应：

情绪就是能量

"那天是耶稣受难日，"母亲安吉拉回忆道，"下午，我正在准备烘烤食物，安东尼在车道边整理汽车。"

1982年4月9日，在乔治亚州的劳伦斯维尔镇，十八岁的安东尼有了自己的第一辆车。

"那是1964年产的雪佛兰。"安东尼说，"我十四岁起就喜欢修车，那辆车的制造日期和我的生日同年同月，所以我觉得我们是天生的一对。"

邻居小孩小约翰尼来给安东尼帮忙，他问安东尼："你在干吗？"

安东尼说："减震器坏了，我要给车换个新弹簧。"安东尼让约翰尼帮忙，他答应了。

安东尼把千斤顶塞进保险杆空隙，将车撑了起来。一千五百多公斤的古董雪佛兰，架在一个不牢靠的千斤顶上，非常危险。

"我把车撑到千斤顶的极限，大约离地二点五英寸到三英寸，但还是够不到旧弹簧，本来应该拆掉轮胎再靠近挡泥板，但是我想我可以挤进去，于是我趴在轮胎上，让小约翰尼把新弹簧递给我，我记得他警告我说：'只有一个千斤顶，你不该挤到车下去。'但是我说：'放心，我会搞定的。'"

不幸的是，千斤顶还是滑掉了，安东尼被压在了后轮和防护板之间，瞬间就昏了过去。小约翰尼一下就跑开了，他气喘吁吁地告诉正在做饭的安吉拉，安东尼出事了。

安吉拉立刻跑出厨房，跑向车道，看到儿子已经昏迷，她感觉一阵晕眩，一下子就用手把车抬了起来，好让这个怪物别再压着自己的儿子。五分钟过去了，小约翰尼叫来了帮手，把安东尼从车底下拉了出来。

而安吉拉一屁股就坐在了地上，愣了半天都没站起来。

后来，安东尼完全康复了，现在他是五家"固特异轮胎店"的老板。

这是个应激反应的故事。还有很多故事可以说明在危险情况下，人体可以激发出潜能。这个潜能让我们可以沉着地应对各种生命威胁，它就是情绪脑。

首先，我们的大脑里有一个预警死亡的警报系统，是动物保护生命本身的监控机制，负责发现外在的生命威胁。一旦有危及生命的可能，它就会警告大脑，产生一系列情绪激素，比如苯乙胺、内啡肽等，而各种情绪会激活肾上皮层的一个区域，瞬间分泌肾上腺素这种东西。但情绪激素不是应激反应里的主角，它只是负责把肾上腺素这个主角推出场。

情绪脑是用来应对生命威胁的。比如现在有一只猪在野外看到一只狼，警报系统告诉它的大脑：危险！情绪激素开始分泌，猪开始恐慌。情绪激素刺激肾上腺素的分泌，肾上腺素开始水解糖原、脂肪（甚至肌肉），为逃跑准备能量，使它的肌肉绷紧、心跳加快、呼吸急促。肾上腺素还瞬间剥夺了身体其他部分的能量，让它的肠胃功能暂停、理智暂失、免疫系统受到压制，总之，一切和逃跑无关的身体活动都要暂停。

这样一来，使得猪奔跑的速度惊人，比平时要快好多，终于躲过一劫，这就是情绪脑的效果。整个情绪脑的工作链条是：警报系统→情绪激素→腺素→能量。

综上所述，**情绪就是能量**。

没有痛感真的好吗？
所有的情绪都是正能量

2006年12月，几个在街头表演自伤的巴基斯坦少年引起了遗传学家和神经学家的注意，因为他们没有痛感。

这几个少年通过表演自残赚钱，比如用刀自伤、把手放在火上烤，还有一个甚至咬掉了自己三分之一的舌头。他们都表示，自己从生下来开始就不知道什么叫疼痛。

科学家们在巴基斯坦北部地区找到了与这些男孩儿有关的三个家庭，其中六人没有疼痛感。这六人包括：A家庭里三个分别为四岁、六岁和十四岁的孩子，B家庭里的一名六岁儿童以及C家庭里的两个分别为十岁和十二岁的孩子。

该科研小组的成员说："所有这六个孩子身体的任何部分、在任何时候都从未感到过疼痛，他们从不知道疼痛的感觉是什么样的。"他们其他部分的神经系统都表现正常，可以感觉到触摸，有冷暖感，能感觉到痒和压力。

在经过细致研究后，该小组发现了这些孩子没有疼痛感的原因：他们体内一种被称为SCN9A的基因发生了突变。该基因是"电压门控钠通道"中的关键蛋白质编码，它相当于一个开关，把对疼痛做出反应的伤害性感受器的神经细胞接入神经系统。这些伤害性感受器分布于身体的外围，通过脊髓通道与大脑相连。实验室的结果显示，这些孩子的SCN9A的变体形式使开关处于"关闭"位置，这使得他们的大脑从来没接收到过疼痛的信号。

人总会有各种情感、感觉，有些人把情感分为正情感和负情感，他们认为的正能量情感包括：喜悦感、满足感、放松感等，负能量情感包括愤怒、焦虑、悲伤、内疚等，当然，痛苦被认为是最消极的一种情感了。

但是，情感真的可以被分为正能量情感和负能量情感吗？没有痛苦感真的好吗？像那个因为患有无痛症而咬掉自己三分之一舌头的男孩儿，很难活到成年。

实际上，我们所拥有的任何一种感觉、情绪，都是几百万年进化的结晶，不可能是多余的，各种情绪都在通过肾上腺素保护着我们。如果有人骂我们是蠢货，愤怒就会调动肾上腺素来保护我们的自尊；如果我们感到疼痛，恐惧感也会调动肾上腺素来保护我们的身体，下次远离这个引起疼痛的东西；如果我们站在悬崖边儿上，紧张感也会通过肾上腺素让我们提高警惕；恐惧感不至于让我们去挑战非洲狮；如果我们打破了花瓶，内疚感就会来提醒我们，使我们下次注意……

压力感、恐慌不安等所有的情绪，被称为负能量实在是委屈它们了，因为这些都是你的一部分。

而且，压力感是有价值的。水塘里养着一群鱼，如果没有外界刺

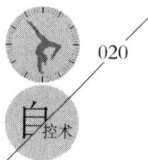

激，这些鱼就会变得死气沉沉，容易死亡。因此，有经验的渔民们会把几条鲶鱼放进水塘，由于鲶鱼吃小鱼，处于食物链底端的小鱼就时刻保持着警惕，生命力一旦被激活起来，整个水池就显得生机勃勃。

恐慌这种看起来最讨厌的情感其实也很有价值。习惯于恐慌就是胆小。胆小是什么？它只是对危险非常敏感。**拿破仑就总用最怕死的人做哨兵，由此把危险阻止在待发生阶段。**

很多时候，快感和痛感根本无法区分，它们相互纠缠在一起。纽约州立大学的亚特·艾伦做了一组对照实验。

第一组实验是在一座摇晃得非常厉害、看上去非常危险的吊桥上进行的——这真是个使人激动和恐惧的环境。有一个漂亮的女子站在桥上，她会和路过的男子打个招呼，让男子完成一个问卷调查，问他们什么是创造美丽的力量，并即兴编一个浪漫的爱情故事。最后，女子会撕下一张便条，写上自己的电话，告诉他今晚可以给她打电话。

第二组实验则是在一座稳定的石桥上进行，内容同上。

每组都有四十五个男性参加。结果怎么样？第一组给女人打电话的男人人数，比第二组多出四倍，而且质量上也高出很多；同时，第一组的男人编出的浪漫故事，也比第二组的男人编出的故事更加离奇、更惊心动魄。

后来艾伦又换了一个性别重复这个实验，得到的答案相同。是什么原因呢？艾伦解释说，在摇摇晃晃的吊桥上，人们普遍感到不安、恐惧、激动、紧张、焦虑、害怕，他们心跳加快，呼吸加速，这些感觉其实和恋爱是一样的，于是他们得出来一个结论：我一见钟情了。

同理，游乐园也绝对有刺激爱情的辅助作用，在倍感恐惧的情形下，人们更容易坠入爱河，因为恐惧感和恋爱感有众多类似之处。

我们必须认识到，每一个情绪的发生，都是身体为了满足自己的一些深层需要，每一个看似负面的、损害性的情绪背后都有一个正面的动机。如果认真聆听情绪的声音，你就会发现，生命中每一部分都是为了帮助你更好地生活，压力、沮丧、紧张、自责等等，都是我们的人猿祖先经过数万年的进化用来保护自己的后代——也就是我们——不受伤害的。

因此，情绪脑是身体自动保护的一部分，这是我们管理好情绪的前提。

被踢的猫很无辜
——能量的叠加

在通俗心理学里，有一个"踢猫效应"。

某公司董事长为了重整公司，许诺自己将早出晚归。一次他看报太入迷以至忘了时间，为了不迟到，他在公路上超速驾驶，结果被警察开了罚单，最后还是误了时间。这位老总憋着一肚子火，回到办公室就把销售经理训斥了一番；销售经理挨训之后很气恼，把秘书叫到自己办公室大骂一番；秘书故意找接线员的碴儿；接线员垂头丧气地回到家，对着自己的儿子大发雷霆；儿子被父亲痛斥之后，便将自己家里的猫狠狠地踢了一脚，这就是所谓"上班受气，回家踢猫"。被踢的猫，实在是太无辜了。在社会性动物群体里，压抑的情绪会沿着等级和强弱链条依次传递，由金字塔尖一直扩散到最底层。

为什么会发生踢猫效应呢？因为肾上腺素已经催生了能量，能量囤积着就必须发泄出去。压抑能量，就像让火山不要喷发、洪水不流一

自控术

样，它会积攒能量，以更大的力量爆发出来。情绪都有积极效果，但是高浓度的情绪激素就完全不一样了。英语里有单词体现了这种区别，感情状态变化较弱而持续的称"心情"（mood），比较强而且急剧的称"激动"或"情绪"（emotion，喜、悲、恐、怒、惊等），这是两种完全不同的能量。

如果用意志力对情绪加以抑制，就会增加情绪激素和肾上腺素的浓度，产生极大的破坏性力量，所以绝对不能憋着。就拿苯丙胺来说，它本来是大脑产生的一种带来快感的激素，但是当浓度过大，就不再叫作苯丙胺，而叫作安非他命或冰毒。在二战的时候，日本自杀飞机的飞行员就服用过这种东西，然后在强烈的快感中走向死亡。愉悦感，本来和痛苦感、焦虑感等一样，都是身体用来调节自身功能的手段，但是浓度过大的话，消耗的能量也会过大，导致人神志不清，会产生类似于范进中举后的喜极而疯。

所以我说，**肾上腺素总体是好的，当情绪被及时消耗，就会产生正能量，只有憋着才具破坏力，使人很多天都会无精打采。**肾上腺素的能量，比多巴胺-ATP的能量持续时间长，数量更大。如果不有效发泄，破坏内在组织细胞的威力更大，表现就是毛细血管爆裂，像周瑜嫉妒诸葛亮，吐血而死；诸葛亮大骂王朗，王朗羞愧得吐血而死。如果憋着情绪，得不到发泄，身体组织细胞就会受损。

情绪如果不经过发泄，就会持续很久，究竟多久会因人而异，反正要比我们想象得要久。我们感觉不到自己有情绪了，但是情绪依然在那儿，虽有减弱却不离不弃，最可怕的是它还会转入意识之下，并一直在默默地寻找发泄口，趁我们还没弄清怎么回事儿的时候，就以不可控的方式发泄出去了。这种"情绪后效"是一种普遍现象。

如果一个篮球队员投篮连续命中，队员和球迷们一般都会相信他今天状态不错。"看，他又要投篮了，这肯定八九不离十啊，今天已经连续进了三个了！"

"咦，怎么没进？"

从概率学上来讲，假设这个球员的命中率恒定，那么，他连续进了三个球，接下来就理应不进才对，但是我们会根据前三次连续进球形成的暂时的神经链接（上面刚刚说过，三次可形成初步的神经链），不自觉地判定第四次一定能进。

赌徒们也像篮球队员一样，会形成一种"今天手气不错"的神经链。如果庄家上来就连赢三局，或者一个赌徒大清早就在赌坊连赢三把，你现在就可以预测到，今天他们一定会输得稀里哗啦，总有一个坑在等着他们跳，就在他们这条新形成的奖励性神经链试图把情绪永远传递下去的时候。

在职场面试、考试和阅卷的过程中也会出现情绪后效。刚刚碰到一个让人不满的求职者，人事经理就会对下一个见到的求职者挑三拣四；刚刚读过一篇感人至深的作文，阅卷老师就会高看下一份作文。

假想死神：
肾上腺素为什么总是浓度高

肾上腺素是个好东西，它让动物在危险突然来临时保住一命。但是，现代社会可不是那个处处充满危险的原始社会了，人们遭遇生命危险的可能性大大降低，于是这个系统就带来了麻烦。

还接着说那只碰上狼并分泌出大量肾上腺素准备逃跑的猪吧。后

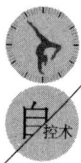

来，这只猪被圈养了起来，而那只狼也被抓住关在了猪舍旁边的一个笼子里。那只狼天天长嚎，这只猪总是能隐约地感受到被狼吃掉的可能性，于是用来对付应激反应的肾上腺素，每天都在缓缓地释放到血液里，让它保持警惕，使之压力特别大，长期处于恐慌状态，日渐消瘦。虽然狼被关着，但猪还是给自己树立了一个假想的死神：一只随时可能吃掉它的狼。

猪不会死，但是它天天表现得就像自己随时会死一样，为什么呢？因为它不觉得自己很安全，是模糊感放大了威胁性，就如同晚上走夜路时看到一棵树，远远看起来像是妖魔，走近一看才知道它不具威胁性。

这和我们压力过大是同一个原理。压力过大，我们每天都应激反应着，就像旁边有只狮子正在追我们一样。但问题是，哪儿有狮子啊，哪儿有什么潜在的生命威胁啊？我们没有缘由地紧张、焦虑、不安、恐慌甚至崩溃，原因是我们时刻在假想着死神的光临。

有心理学家断言"性侵犯引起的心理障碍，需要再被侵犯一次，才会消除"，有点儿像顺势疗法。这个说法，在医学领域被认定为胡扯，但是在生理心理学上，却是良方。被蛇咬过的人，如果让他再被咬一次，就会发现真实的恐惧，要比想象中的恐惧小得多。

现代社会，很少出现真正意义上的生死攸关时刻，应激反应已经属于多余，压力过大也是自己想象出来的。假想的死神在未来等着我们，让我们进入防御模式或进攻模式，身体的每一个细胞都得到一个指示：该逃跑或战斗了啊！肾上腺素不仅消耗了脂肪和糖类，还分解了肌肉，使得我们呼吸急促，血脉偾张，肌肉开足马力，随时准备战斗，去应对一个根本不存在的死神。哪儿还有能量分给消化系统、冷静的理智、未来的幸福和免疫系统啊！结果是消耗肠胃能量造成消化不良，消耗肾脏能量造成不孕不育，或是消耗皮肤的能量让小伤口迟迟不能愈合，消耗心脏的能量造成心血管疾病，消耗免疫系统的能量造成感冒……都未可知。

卡耐基那个方法针对这一点非常管用：设想最差的结果已经发生，你能承受它吗？能的话，压力就会消失。想一想最差的结果，实际上你也能接受，并且不会死。看清楚了未来，未来就不会再有威胁；走近了那棵树，它就不再是妖魔。

心理手段的局限：
为什么要推翻CEO

情绪脑有自己的冷却方式，会自动缓解压力——也就是消耗肾上腺素催生的能量。

第一就是转移注意力、逃避压力源，做一些和压力源完全不相干的事情：喝酒、抽烟、长时间看电视、暴饮暴食、疯狂购物，就像一只足球朝我们头顶飞过来时，第一反应是闭上眼睛不去看它。不过，这种自动冷却的方式却把压力源妖魔化了。比如，在公司里，就算不交上司让你写的方案，结果顶多是被开除，但是不去正视压力源的话，被开除的未来就被妖魔化成了生命威胁。

第二，就是去做引起我们恐惧的事情。脑袋里的杏仁核体又叫杏仁体，主要负责对恐惧的辨识和反应，杏仁体的活动波动性较大，也就是如果受刺激太严重，它就不活动了。比如一个人对蛇或老鼠有极度恐惧的心理，当他被迫接触蛇和老鼠之后，杏仁核就会瞬间活跃起来，然后马上停止活动。这样的话，他在强烈的恐惧中反而会反复触摸各种本来让他畏惧的活蛇或活鼠，就像被肺癌的恐怖景象吓坏了的人，会不停地

自控术

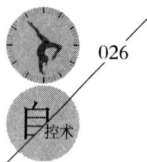

抽烟，也是因为杏仁体能量爆发后的活动停止。

你看，情绪脑的自动调节方式，都有自戕的倾向，通过心理手段来调节情绪，一定什么都得不到。

这就好比一个公司发现效益不好，于是开始改革，但是发现改来改去越改越糟，因为需要被改掉的，正是改革者本身——这个CEO是需要被换掉的，只要换掉他，一切都会好起来。同理，如果情绪能量积聚得太多，就不能再用心理方式来进行调节，否则一定会劳而无功的。

美女与火炉：
肾上腺素=心理时间/客观时间

经过多年调查研究，英国人帕金森在1958年发现了一个很有意思的现象，人做同一件事情所耗费的时间差别非常大。他可以花十分钟看完一份报纸，但也可以用去一上午。用时差异怎么会那么大呢？一个办公室职员每天工作八小时，如果今天的工作比较多，他从早到晚就会一直忙忙碌碌的，尽量都在上班时间做完；但如果今天的工作很轻松，他也不会闲待着，同样都是八个小时，完成的工作量可是不一样的啊！他还发现，在一个本来只有三个编制工作人员的政府部门，工作勉强能够做完；当增加到六个人后，工作仍然是勉勉强强做完。在同样的工作强度下，人数可是增加了一倍啊！

根据帕金森的理论，解释如下：没什么事儿的时候，本来十分钟就可以看完的报纸，在"需要"被看半天的时候，就能看上半天，因为从前只浏览标题就够了，现在需要深入阅读；从前可以忽略的消息，现在需要用来消遣。以办公室职员为例，不忙的时候，他可以利用这八个小时来零零散散地做同一件事情；但假如当天的事情特别多，他的时间就会被高度压缩，需要集中精力地去兼顾好几样事情。官僚主义的形成大致是综合了以上两种原因：本来可以不做的事情，比如喝茶、读报，现在占去了一部分时间；本来三个人效率高点儿可以做完的事情，现在六个人了，反而会因为彼此推脱而浪费了时间。

在帕金森得出这个结论的几十年前，爱因斯坦曾经这样解释时间相对论：一个男人与美女对坐一小时，会觉得似乎只过了一分钟；但如果让他坐在热火炉上一分钟，却会觉得似乎过了一个小时。这和帕金森发现的心理时间差其实是一个道理。于是，有关这个心理学界的新发现最后归功为帕金森，并被誉为二十世纪最伟大的三大管理学定律之一：帕金森定律。

时间确实是相对的，当放松下来时，时间就过得特别快，所以才有"快"乐、"快"感的说法，"快"的时间总是"短暂"的。上班时，可能觉得刷一会儿BBS、刷一会儿微博根本耗费不了多少时间。如果今天没安排什么事情，一不小心两三个小时就过去了，再加上发会儿呆、聊会儿天、喝几杯水，八个小时也过去得特别快。为什么？因为放松时很难觉察到时间的流逝，即便事实上的客观时间还是那么多，当我们感受不到它时，心理时间也就变短了。

放松的反面，会促发肾上腺素。肾上腺素让能量缓缓释放，让我们紧张、焦虑、忙碌，感觉时间过得特别慢。万一遇上堵车快迟到了，几秒钟都似乎被拖长成一分钟。不，几秒钟都像被拖长成了几个小时。放松的时候，我们可能几个小时才会看一次表，但现在几秒钟就忍不住扫一眼。放松的时候呢？就像小时候在暑假快结束时想的那样："刚放假没几天啊，怎么就该开学了呢！"

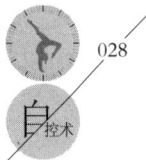

所以说，肾上腺素＝心理时间/客观时间。不过我想，爱因斯坦说的那个美女，肯定不是激起"得不到的爱情"的美女，因为"得不到的爱情"会激发大量的多巴胺和肾上腺素，那时候的肾上腺素会放缓时间的脚步，把每一分钟都拖长成一个小时。

爱上强奸犯：
情绪相对论

有这么一个女孩子，她在2007年10月的一次聚会上，酒醉后被一个男孩儿强暴，事后，她立刻报了案。但在公安机关调查期间，这个男孩儿不断向她认错道歉，并逐渐地取得了她的谅解。两人后来还确立了恋爱关系，并订了婚。

后来，当司法部门以强奸罪将男孩儿逮捕时，这个女孩儿认为自己已经原谅他，而且两人如今还订婚了，他就不能算是犯罪了，于是就赶到公安局要求撤案，但按照法律规定，已经立案的刑事案件是无法撤案的。所以，司法部门拒绝了她的请求。不过，最后法院还是酌情轻判，以强奸罪名判处这个男孩儿三年有期徒刑。

在中国，有个成语叫"为虎作伥"。据说人被老虎咬死后，就会变成一种特殊的鬼，叫作"伥鬼"。伥鬼从此以后以老虎为生活重心：引诱其他人前来被老虎吃掉、为老虎探路、帮老虎放哨。如果老虎死了，伥鬼就没有了依靠，哭天抢地，惶惶不可终日。

西方人直到1973年8月23日才懂得这个道理。这一天，两名劫匪闯进瑞典首都斯德哥尔摩一家银行，扣押六名职员作为人质。一星期后，人质获救，奇怪的是，人质反而闷闷不乐，对警察表现出明显敌意；更出人意料的是，其中一名人质竟然爱上了一个绑匪，还在监狱里与其私订终身；而其中的一名人质更是出人意料，他四处筹钱请律师为绑匪洗脱罪责。西方人将这种现象叫作"斯德哥尔摩症候群"，这种现象在社会学或犯罪学里专指被害人对加害者产生好感、依赖心，甚至协助其加害他人的情感和行为。

举个例子就比较好理解了，把手先放进一杯温水时，手没有感觉；但把从冷水中拿出的手再放进温水里，就会觉得水很热；而如果把从热水中拿出的手放进温水里，就会觉得水很凉。人的情绪也是这样的，"情绪相对论"在很多方面都有应用。

情绪相对论如果应用于电影，就产生了"库里肖夫效应"。苏联电影导演列夫·库里肖夫提出一个假设，于是摄影师就去照做了。他通过镜头剪接做了一个实验，他为著名模特莫兹尤辛拍了一组毫无表情的特写镜头，分别是接受一碗被施舍的汤、扮成一个孩子正在做游戏、扮成一具老妇人的尸体，然后根据顺序不同剪辑为三组：接汤—游戏—老人，游戏—接汤—老人；接汤—老人—游戏，老人—接汤—游戏；游戏—老人—接汤，老人—游戏—接汤。结果观众在观看时，不仅体验不同（第一组感受到悲伤，第二组感受到喜悦，第三组感受到饥饿），而且，感受的强烈程度要比持续看半个小时的悲剧、喜剧或饥荒的报道取得的效果更大。通过观察，库里肖夫看到了蒙太奇构成的合理性。他说：造成电影情绪反应的并不是单个镜头，而是几个画面之间的并列镜头，单个镜头只携带一种情绪，只有蒙太奇的创作才算作电影艺术。

情绪相对论应用于交际学，就叫作"改宗效应""阿伦森效应""增减效应""赫洛克效应"。美国社会心理学家哈罗德·西格尔

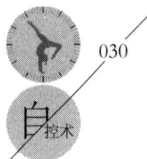

提出：在辩论一个对某人来说是非常重要的观点的时候，如果一个人能改变某个反对者的意见并使其与自己的观点一致，他就会非常喜欢那个反对者，而不重视其他的同意者。

情绪相对论如果应用于心理治疗的话，就产生了单调和数数的催眠手法。催眠师用重复、单调、无聊的语言，使得被催眠者的情绪越来越低，越来越低，终于昏昏入睡；你不妨躺在床上试图从一数到三百，往往没有数完就睡着了；还可以躺在床上背单词表，也很快就会将自己催眠……

肱二头肌的智慧

第三章

能量蓄水池

我给你算一命，不灵不收钱。你一定有以下之一或之几的习惯：1.晚睡；2.大晚上还在用脑子；3.不吃早餐；4.很少锻炼；5.食物单一……如果这几项还没说中你，那你就不需要学习自控了。

自控术

大脑比身体先死：
自控是个生理指标

据英国《每日邮报》报道，在被医生判死刑四个月后，美国男子扎克·邓莱普（Zach Dunlap）又奇迹般地活了过来。

2007年11月19日，邓莱普被医生宣告脑死亡，在此之前，他遭遇一次可怕的车祸。面对这种不幸，陷入巨大悲痛的家人做出一个惊人的决定——同意捐献邓拉普的器官。四个月之后，医生决定摘除他的器官用于其他患者的移植手术。然而，就在家人来向他做最后告别时，他们突然发现，邓莱普的手脚居然动了。

邓莱普的父亲道格说，他曾目睹大脑扫描过程，"当时没有一点儿活动迹象，也没有任何血液流动的迹象"。邓莱普的母亲帕姆说，当发现儿子还活着时，自己真是欣喜若狂。"这是一个最伟大的奇迹，没有什么能比这更让人兴奋的了。"

美国医学界认为，脑电波停止后，就可以准备器官移植了，不必等到身体死亡。因为脑死亡的病人体内有保持良好血液灌注的器官可供移植使用，而一旦身体死亡的病人，体内的脏器多有损害，不适宜再行移植，像这一例脑死亡后还能复活的病人确实比较罕见。

我要说的问题是，为什么脑死亡后，身体还可以活着？我们一直都在讨论大脑对身体的掌控作用，可是身体对大脑的掌控作用是否被重视了呢？既然身体死亡后，大脑一定会死亡，而大脑死亡后，身体不见得立刻就死亡，我们是否可以说，身体其实在掌控着大脑的功能，比如情绪、性格、逻辑思维能力、感受能力和意志力？

实际上，**身体就像一个储能站，很多琐碎的事情——包括大脑的各种行为——都从同一个储能站里取用能量。**

例如，维持体温会让身体能量损失一部分。人的免疫能力会随着气温一起下降，还会在温度过高的时候暴怒异常。

又如，感官会从储能站里取走一部分。周围一片嗡嗡声的时候我们就很难集中精力；在课堂上，摘了近视眼镜之后不仅看不清黑板了，还听不清老师说话了，脑子也不转了，这是因为在看不清的时候，眼睛就必须消耗更多的能量，以减少对大脑的供应。同理，烛光晚餐会让人陷入模模糊糊的状态，因此显得很浪漫。

身体能量是心智能量的基础，其中的转化可以从这几个情景中看出。"咬咬牙""硬着头皮"地坚持做一件事情，就像把身体能量挤给了心智，"眉头一皱""攥起拳头"，也能让我们做出决定。

现在设想这样一个情景，你又饿又累，并且患着感冒，昨晚一夜还没睡好，总之，身体的能量很不足。坐在回家的公交车上，你会不会感觉世界非常冷漠，未来十分渺茫？我想是的，你会没精打采、有气无力，还有些抑郁了；但等回到家，喝些热水、补充点儿能量、洗个热水澡、在暖和的被窝里躺上一会儿，又是什么感觉？好吧，世界好像又不那么冷漠了，重新充满了温暖和希望。

乐观精神会从储能站里取一部分。刚刚吃饱了的时候，刚刚吸完烟

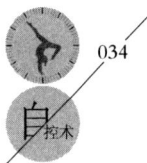

的时候，我们最容易痛下决心做出减肥和戒烟的决定，因为这时候身体能量很足，心智能量也少不到哪儿去。所以"吃饱了才有力气减肥"这句话，不是没有道理的。

免疫系统会从蓄水池里取一部分。感冒了，需要能量去对抗病毒，所以大脑混沌，想睡觉，没有力气活动身体，连发火的力气都没有。实际上，重感冒驾车比酒驾还厉害，因为此时免疫系统把本该分给大脑的能量用掉了。

自控力会从储能站里取一部分。身体不舒服了，堵车时的焦虑就会倍增，会议上领导的絮絮叨叨让人难以忍受，唠唠叨叨的同事更是让人忍无可忍。很多老人开始戒烟，这倒不是因为他们的意志力终于战胜了烟瘾，而正像一位老人所形容的那样：老了，抽不动了，当衰老消耗了身体能量之后，可以分给吸烟的欲望就少了。

注意力会从储能站里取一部分。车展上的观众被美女车模分散注意力，就更容易冲动花钱买车；应酬中对方带了个漂亮的女秘书，你就很可能埋单请客，因为美女分散了你的注意力。反之，如果身体的能量不足，注意力就会不断地被各种琐碎的事情夺走。

如果理解了所有的生命活动都从身体这个储能站而来，我们就能明白：**自控实际上是个生理指标，一旦失控，即说明身体能量已经匮乏，所有从身体储能站里可以提取能量的行为也会捉襟见肘**，如：感冒时明明不应吸烟，却往往比平时吸得更多；或者即使管住了烟，锻炼却被忽略了；睡眠不足和减肥会引起大手大脚的花费，电视和网络显得更有吸引力了；压力会消耗大量的身体能量，让用在健康、管理情绪、管理生活方面的能量大大减少。

有人说，色氨酸有利于睡眠，它会促使身体释放使人放松的血清素

（即5-羟色胺），以及让人见黑就困的褪黑色素，这类物质常见于奶类、红肉、白肉（鱼类）、动物内脏、水果（苹果、香蕉、芒果）中，同时，这些东西也都是促进白天精力旺盛的食品。只有一类东西是不健康的（不利于晚上休息、白天高效）：人工加工过的重口感、热量多的食品，这些东西虽然可口，但打破了食物的营养平衡。

能量充足是个什么感觉？就像打了鸡血，感觉对身体、环境、未来、人生都充满了掌控感，浑身充满了力量。情绪失控的时候，身体会是什么样子的呢？多巴胺和肾上腺素一起来了，带来了大量的能量，于是肌肉开始充血，当血液流动速度足以冲破血管的时候，我们就必须行动了，否则身体受不了。但是，如果身体能储存下很大的能量，多巴胺和肾上腺素再让它充血，也赶不上自己运动时的充血程度的话，情绪就不会爆发，虽然生气也不会行动，因为那点儿能量还没有强大到让他的血管充血到不发泄就爆的地步。

而缺乏身体能量的人的自控力一般不会太高，也就是说，他在社会层级中的排行不会太高。缺乏锻炼的人，还容易失眠、抑郁、压力大、火气大；不吃早餐的人容易发胖、人脉少、人缘不佳、吸烟、酗酒；食物单一的人容易生病、怯场、没耐心、注意力分散。这一堆问题，都是因为身体能量不足导致的。

身体能量不足时，就会定额分配能量，首先被撤掉的是自控力，然后是意识，最后才是生命。比如当氧气开始减少时，人首先会疯狂，丧失自控力；继而会昏迷，丧失意识。因为有限的能量必须得保住呼吸和心跳，别的就先缓一缓吧。

冷静、勇气、宁静来自充足的身体能量。抑郁、孤僻、内向、自

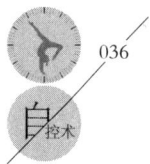

卑，都不是性格问题，而是因为身体能量匮乏，无法给心智分配能量。

为什么我们会对运动望而生畏

既然自控是个生理指标，我们就该去运动了。这叫让很多人望而生畏。一说运动，人们首先想到的就是短跑、负重等具有爆发性的非有氧运动，或者长跑那种挑战身体极限的运动，其实不是的。**运动不是为了让你练出健美先生般的身材，也不是让你百米冲刺或去跑马拉松，而是只要活动活动肌肉就行。**

美国的詹姆斯·希尔做过一个有趣的实验，他发现，十八岁至二十五岁的普通女性每天走路约五千步，男性是六千步，而肥胖者每天比普通人少走一千五百步至两千步。两千步是多远呢，按一步零点五米计算，也就是每天多走一千米，就不会致使人发胖，这就是肥胖者与正常体型的人的区别。每天遛遛狗、逛逛公园，或者上班时提前一站下车，花上十五分钟就能从肥胖身材变成普通身材，这样看来，活动并不是让人觉得那么困难吧？

而我们对活动望而生畏的原因，是身体的能量太过匮乏，导致连启动运动的能量都没有。不过我相信，通过每天多走一千米的活动，你的身体能量已经开始慢慢恢复，有氧运动也会自然而然地进入你的计划中，不需要任何意志力的参与就能够渐入佳境。

在运动中，人体吸入的氧气与需求相等时，就叫作有氧运动。简单地说，有氧运动是指任何运动时间在十五分钟以上，强度低、持续做下去还有余力，稍微出点儿小汗但不会疲劳的运动。如果每周有三次至五次、每次三四十分钟的低强度有氧运动，只要一周时间，就能更快入

睡，且睡眠质量大大提高，自控力、记忆力、注意力、创造力等也会全面提升。

低强度的、超过十五分钟的、不疲劳的运动，都是很好的有氧运动，其项目包括慢跑、游泳、疾走、球类、遛狗、做家务、骑自行车等，有氧运动要注意将心跳保持在每分钟一百五十次以内，以此得到血液为心肌提供的足够氧气，反之，超过了这个范围，就是非有氧运动了。如果运动产生的疲劳感在第二天消除不了，则说明运动已经过量。

内啡肽（endorphin）也叫安多芬或脑内啡，是一种脑下垂体分泌的类吗啡生物化学合成物激素，能与吗啡受体结合，产生跟吗啡、鸦片一样有止痛和欢快感的效果。吃东西的时候会产生内吠啡，有氧运动也会产生内吠啡，让身体很爽，这叫作"跑步者的愉悦感"（runner's high）。当长时间运动把肌肉内的糖原用尽，只剩下氧气，脑内啡便会分泌。深呼吸也是分泌脑内啡的条件。

享受了迟早都得还：
为什么木糖醇会让人发胖

木糖醇的甜度和蔗糖差不多，但热量较小，于是有人用它来代替蔗糖，并坚信不会因此而肥胖，但这是错误的想法。

这让我想起来一个故事：古代齐国某户有个漂亮女孩儿，被两个人同时求婚。东家的儿子很丑但家财万贯，西家的儿子相貌英俊，不过家境贫寒。那女孩儿的父母没法做出决断，就询问女儿的意愿。女孩儿羞羞答答不好意思直接表示，母亲就说，你想嫁给谁就露出哪边的胳臂，左手表示东家，右手表示西家。结果女孩儿伸出两只胳臂。母亲看不明

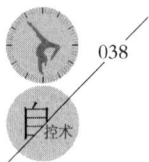

白问其原因，女孩儿说，我想在东家吃饭、西家住。问题是，我们是否总能两头兼顾，还不受惩罚？当舌头触动木糖醇，身体就会认为：有能量摄入，那么，我先把血液中的葡萄糖收起来吧，反正很快就有新的能量了，于是血液中的葡萄糖被转化成脂肪储存起来。血糖降低，人就会很饿，这种饿不会因为木糖醇的摄入而缓解，但是血糖确实降低了，这可如何是好？于是身体会抓狂，它会想方设法地把这些能量补充回来，或许等不及下一餐，你就会饿得吃下很多东西，把木糖醇亏欠身体的那些能量全部补了回来。

人工合成的非营养型的甜味剂，效果与此相同。所以可乐里虽然没有多少能量，但它所激发出的食欲难以想象，亏欠了身体的能量迟早是要还的，只是时间长短的问题。

人和人的千差万别，在于人和人吃的方式不一样。身体的直接能量是葡萄糖，它把葡萄糖当资金一样运用。当身体能量不足的时候，首先剥夺的是心智能量，这时补充一些糖类（功能性饮料、奶昔、蜜水、果汁都是很好的能量来源），就会精力高涨，恢复冒险精神和更加冷静的思考。

血糖一低，身体就开始预测你什么时候会饿死，继而非常渴望食物。这事儿和优势基因祖先那时候是一样的。我们的优势基因祖先的兄弟姐妹当中，有很多是血糖降低时没有饥饿感或饥饿感不够强烈的人，结果都死掉了，无法在自然选择中胜出。因此，能有这样的身体机制，我们该非常感恩吧？

低血糖的人一般情绪不稳定，难以集中精力，还跟单身、犯罪有一定的联系。高血糖也有问题，因为高血糖不是说可用葡萄糖过剩，而是胰岛素分泌不足，让那些葡萄糖不但不能转化成能量，还堆积在血液里，加重循环系统的负担。

食物大概需要三四个小时在体内消化完毕，当身体能量降低，身体就会发话了："这是铤而走险的时候了。"于是，不吃早餐的人耐受力会很差，而午饭之前是吵架的高峰，临下班前不仅工作效率最低，就连做出的决定一般也都是错误的。美国人就很聪明，他们有个早茶时间和下午茶时间，一般在上午十点半和下午四点钟左右，一片三明治、一个水果就能补充能量；否则，下午五点钟跟上司谈加薪的事儿就一定会泡汤。

身体波动周期：
男女都有月事

一般来说，男人比女人更缺乏自控力，他们更爱拖延、爱放纵、爱抽烟，更加忍受不了疼痛。按理说，从自控角度来讲，应该有更多的女性担任要职才对，但实际情况并非如此，大部分领导岗位都是男性。这是为什么？

身体的能量不仅供给自控力，而且还供给免疫系统，修复受损细胞。女性每个月都会经历三至六天的生理期，在这个阶段，由于身体能量都被调去修复受损细胞，于是自控力全面下降。三至六天不是小数目，也就是说，每个月有十分之一或者五分之一的时间都是失控的，所以，自控力更强的女性，反而比自控力弱的男人少了很多机会。女孩子上小学时成绩很好，到初中时就慢慢落下了，也是这个道理，因为这时候开始来月经了。

从生理学的角度来说，男人是没有月经的。但对他们来说，每隔一

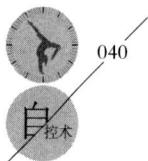

定的时间，总会有那么几天出现情绪上的波动，乃至身体上的不舒服，国外一些医学专家称之为男性的"低潮"现象，有些医生将其戏称为"男性例假"。这实际上是一种生物节律变化，是男性机体激素水平变化的结果。

其实，男性也有"例假"，周期大约为二十八天，但是没有月经，只是身体能量不足，感觉不适或者情绪反常。科学发现，人体的情绪生物钟约二十八天，体力生物钟约二十三天，男女不限。这种周期性现象，由松果体（两眉之间，下丘脑的一部分）通过5-羟色胺和褪黑色素两种激素来调控。虽然每个男人的"例假"周期都是不同的，但有数据表明，男人"例假"比较集中的"发作期"是月圆的那几天。比如美国的研究发现，月圆那几天的犯罪率、自杀率、家庭暴力事件、酒精中毒都比非月圆时偏高。

人的身体能量，不仅以月为循环周期，每天的规律也不一样。早晨时身体的能量最旺盛，如果一起床就要抽上一根烟，那当天就很难完成对烟瘾的控制。精力最旺盛的时候尽量去做那些最消耗能量的事情，好钢用在刀刃上，如果一大早就做冥想和身体放松练习，那这一天的紧迫感就会变弱了。

肌肉在控制情绪：
过山车上的惊恐

要体验身体能量透支，最好就去坐过山车或太阳飞车，身体的能量被全部调去应对可能出现的危险，剩下为数不多的身体能量，就被指向了那些本来是不被注意的、默默地分散着身体能量的东西。

例如，在做刺激运动的时候，本来在正常情况下绝对不会被注意到的小便一瞬间仿佛呼之欲出，没有绑紧的鞋带似乎总是要掉，肚子里会有种发痒的感觉，隐隐作痛的牙齿现在有点儿让人难以忍受……

我们主要来分析一下肚子发痒的感觉。

为什么肚子会发痒？肌肉的绷紧，是我们的身体把能量挤出来的一种手段，而在所有绷紧的肌肉中，小腹总是积极参与。你可以感受一下自己的任何喜怒哀乐的情绪，在哪个情绪下小腹没有收紧呢？情绪脑被激发后，就会产生肾上腺素，这是由于小腹处的肾绷紧而分泌得来。反之，小腹肌肉不绷紧，就等同于放松，我们可以通过体验小腹的绷紧和松弛来掌控情绪。

比如你在商场盯着一个想买又觉得不该买的健身器材，心情十分复杂；一摸兜，忽然记起来自己没带那么多钱，一下子就放松了，绷紧的小腹瞬间松垮。感恩、满足，也都是放松的感觉，仿佛所有的肾上腺素一下子暂时隐退了。

中国人认为，脐下三指处，叫作丹田，这里存储着生命力。我想这正说明中国人古老智慧的优越性，他们在几千年前就知晓西方研究了这么多年的结果，只不过我们在这里把肾脏叫作丹田，把身体能量叫作生命力。

试着叹一口气，对自己说"反正也那样了"，或者骂一句"去他的吧"，能够缓解、消除所有的情绪，这个行为似乎格式化了情绪的能量，原因主要就在于腹部肌肉的放松。

有些人觉得深呼吸不可以调节情绪，因为他们的深呼吸还是止于胸腔，根本没有运动到小腹的肌肉。现在我们介绍一种能极大增强小腹肌肉掌控力的方式——腹式呼吸。

自控术

呼吸分两种：腹式呼吸和胸式呼吸。呼吸时用肚子的起伏代替胸部膨胀，就叫作腹式呼吸。胚胎和婴儿都是用腹式呼吸的，所以观察婴儿的时候会看到他们的肚子而不是胸部在上下起伏。胸式呼吸是人在学会走路之后，为了适应节奏变快而产生的，会让人心情浮躁；**而腹式呼吸则使人心情平静，还能抑制肾上腺素的分泌。**腹式呼吸是深呼吸，横膈膜会随着呼吸上下浮动，调用的肺部空间更大，可以达到三分之二，胸式呼吸则一般为胸部空间的三分之一。吸气时提升腹部、呼气时收缩腹部叫作顺呼吸，逆呼吸与顺呼吸相反，挑一种练习即可，我个人建议顺呼吸。

在开始练习腹式深呼吸时，人们容易数秒，或者憋气以延长呼气或者吸气的时间，但是这些外在的标准并不重要。每天挑无聊的时候控制一下呼吸即可，大概三天至七天之后，腹式呼吸就会成为一种习惯，不用再去关注腹部的起伏了。

除了腹部肌肉，身体的各部分肌肉也都可以控制情绪。科学界早就发现伸展运动可以缓解抑郁症等心理疾病，以这一成果为基础，**医学家进一步发现：伸展运动还能增强自控力。**其原因有两点：第一，伸展运动能帮助大脑分解和释放皮质醇，又叫"氢化可的松"，是破坏大脑记忆中心的物质——肾上腺素的一种；第二，是加快对掌控过去、现在和未来的前额叶的新陈代谢，让它变得更有效率。

压力下的身体需要通过皮质醇维持生理机能，没有皮质醇，身体就无法对压力做出反应，当狮子从灌木丛中向我们袭来，我们就只能吓得动弹不得了。积极的皮质醇代谢会剥夺消耗身体能量的其他项目，把葡萄糖、脂肪甚至肌肉分解后化作能量，再供给肌肉，让人立刻逃走或者搏斗。一般情况下，皮质醇水平最高点在早晨六点至八点之间，所以人们早晨起来会伸懒腰，以缓解高浓度皮质醇对大脑理智活动的抑制。

我拒绝一切变化

第四章

神经链

> 形成了神经链之后，就有点儿积重难返的感觉了。它就像自动挡，在我们无意识的情况下，肌肉自动就去做了那些事情。

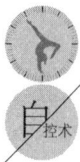

做惯了奴隶的熊

从前有一只熊，从它还是小熊的时候起，就住在一个笼子里，和马戏团的其他成员一起到处旅行。它每天的生活就是在笼子里走来走去走来走去，供人观看。马戏团的人不在的时候，有些参观者就会拿棍子捅它，还拿夹着玻璃的食物喂它，结果把它的喉咙和肚子都割破了。

有一天，一位热爱动物的有钱人来参观马戏团，看到人们这样虐待它，就提出可以花重金买下这只熊，并给它安置一个大一点儿的家，还给它自由。它的新家会很不错，有游泳池可以泡澡，有大片的草坪可以玩耍，这样它就能像其他的熊一样享受生活的乐趣了。马戏团同意了，于是双方确定了什么时候送熊过去。

这一天终于到了，每个人都很兴奋，看到一只饱受蹂躏的动物终于获得它应有的生活是一件多么令人开心的事情啊。当笼门第一次被打开的时候，每个人都很吃惊。因为这只熊没有要走出笼门的意思，而是像以前一样，不停地在笼子里走来走去，就像笼门根本没被打开一样。

人们把熊从笼子里拖出来，把笼子弄走，想让它享受一下自由的快乐，但是没了笼子，它好像不知所措。它看了看周围的环境和自己的新家，看了看漂亮的游泳池和绿色的草坪，又开始踱着步子走来走去，就像是被关进了另一个无形的笼子。

曾经有一个理论：人的大脑有百分之九十八没有被用到，所以潜力无穷。不过这不科学，是二十世纪的美国销售员为了自我激励而编造出来的信息，因为人的大脑的每个细胞都是活的，不可能没用。但是它也不是没有道理，因为人脑是在不断成长的，它会把生活中的行为、感觉储存起来，不断形成新的神经链接，这样我们才能成长，人才能不断升级。另外，大脑由约一百四十亿个细胞构成，每天死亡约十万个，更新约十万个；一些记忆形成了，另一些永远消失了；一些新的神经链形成了，一些旧的突触死亡了，为新的神经链做材料。所以，大脑在不停地变化，神经的可塑性给一切带来了可能。从这个角度讲，人脑确实有百分之九十八没有被利用。但这只熊又出了什么问题呢？它出生后就开始重复来回踱步的行为，就此形成了一个专门的神经链，来负责它在一个有限空间里的来回踱步，这看起来就像是它的大脑特意为此分化出了一个部分，以专门负责此事。

形成了神经链之后，就有点儿积重难返的感觉了。它就像自动挡，在我们无意识的情况下，肌肉自动就去做了那些事情。比如刚刚戒烟的人在看到别人吸烟时，还会下意识地去摸打火机，摸一把是空的才意识到自己正在戒烟。

还有个硬闯女生宿舍的故事。大二那年的一个晚上，舍友小倪下了自习，从教学楼出来，却没有回宿舍，而是径直朝女生宿舍楼奔去。于是，第二天他就小有名气了：一个男生躲过值班员的严密监视，大晚

上偷闯女生宿舍，堂而皇之地推开某宿舍的门，看到一屋子衣衫不整的女生镇定自若，直到一声尖叫打破寂静才让他落荒而逃。他是个变态？不，学校宿舍楼刚刚调整，原来的四号男生宿舍楼已经改成了女生宿舍楼，他以前就住那个房间。

神经链让我们同时做很多事情，可以"一心两用"甚至"一心多用"。比如周伯通会双手互搏，小龙女会一手画圆一手画方。还比如我们开车时的情景，我们耳朵里听着音乐或新闻，手脚并用开着车，眼睛盯着红绿灯、限速标志和交警，和女朋友聊着天，心里盘算今天下班后可以去哪儿玩，端起可乐喝了一口解渴。这种行为方式叫作多任务处理（multitasking），靠的就是已经形成的神经链在工作。

学习也是新的神经链的形成过程。比如我们学开车，本来大脑里是没有这根"筋"（神经链）的，通过不断的学习，大脑里形成了新的神经链，负责下意识地驾驶车辆的工作。

神经链一旦形成，就会很牢固，类似那只来回踱着步子的熊一样。而且，**专门开辟出来负责该习惯的神经链如果被废置，就会像长久被冷落一样，一遍遍发出悲鸣，犹如世间最珍贵的"已失去"和"得不到"**。瘾症患者估计最有感触，那已被戒掉的香烟，仿佛一根根都在倾诉："我是你的老朋友了，你舍得放弃我吗？"

关于深层记忆的储存方式和储存地，实际上到现在还处于设想阶段，我们只取诸多理论中的重合部分，说一下现在普遍接受的理论即可。

一般认为，大脑的基本组成单位叫神经元（由细胞核和突触组成），突触受到刺激后会生长，能和其他神经元产生新的链接，从而形成一个新的神经回路，用以记忆信息。一般要经过多次重复（三次以上）刺激后，才能形成新的神经链；对突触和新生神经链必须再进行反复刺激，而且要快，因为新生的突触和神经链是暂时而脆弱的，随时都有被分解并用于其他突触生长材料的可能。经过反复加强，包含着记忆的神经元突触和神经链就持久性地改变了，并且会在前额皮层留下一道特殊的痕迹，被永久保存下来，其后随着年龄的增长，还会逐渐向后移动到额顶端。

一般认为，深层记忆的暂时场所是大脑的海马区（负责情绪调节）。

一般认为，深层记忆不会记忆全部信息，而是对一个情景中不完整的、零碎的片段进行压缩、打包、储存，所以我们会感觉似曾相识（看到一张脸，总觉得分外亲切）或进行联想（看到飘落的树叶，就想到曾经和某位友人漫步香山的情景）。

一般认为，深层记忆不一定进入意识，比如看到一张脸，总觉得分外亲切，但是意识不一定知道这张脸是谁的。比如，这张脸可能是我们几个月大的时候的某个邻居，他在我们有记忆之前就搬走了，但是他的脸却永远地留在了我们的深层记忆里。

情绪型神经链：
自控力差，却忍了整整三天三夜

2011年3月9日，两名十八九岁的年轻人搀扶着一名昏迷不醒的青年来到天津市解放军二五四医院急诊科，经两个多小时的紧急抢救，青年最终还是没能救过来。让医生感到震惊的是，患者是因心脏、肾脏等多器官衰竭而死，其身体严重营养不良，相比正常人30—60u/L的白蛋白含量，该青年的白蛋白含量仅不到20u/L。

原来，该青年连续三个昼夜都在打网游，却粒米未食，滴水未

进，导致失去了生命。

神经链分两种：情绪型神经链（奖励性神经链、惩罚型神经链）和中性神经链。先说说情绪性神经链。当我们经历快乐或痛苦时，我们的意识就会去寻找原因了，这时候有什么异乎寻常的事情发生？

如果这份快乐或痛苦非常强烈，一次就会形成非常牢固的神经链，正所谓"一朝被蛇咬，十年怕井绳"。如果情绪不是很强烈，那就需要至少三次才会形成一个初步的神经链。

那么被蛇咬了为什么会怕井绳呢？神经链的形成是没有逻辑的，这和记忆的储存有关。我们经历的各种感受和环境，都会被记忆储存起来，大脑会把当时的环境压缩成图像，然后编码在神经突触里。如果这个记忆不够深刻，这个突触很快就会死掉，成为其他突触的材料；如果它足够深刻，就会被压缩、储存在前额叶里，以备日后提取所用。

但是压缩记忆的时候，很多信息都会被省略，比如蛇的各种信息只保留"细细的、长长的、盘曲的"这几个信息，其他信息就被忽略掉了，所以蛇=绳子=恐惧。

压缩记忆的时候，还有很多反复出现的无关信息也被压缩打包起来。如果你的电脑老出问题，你总生气，就会觉得IT部派来修电脑的那个哥们儿实在不是个好东西；"爱屋及乌"也是这个道理：如果你喜欢自己的房子，每次看都很高兴，就连房顶的乌鸦也能一并笑纳；而如果你连续三次都在老板生气的时候出现，好吧，那他整你的可能性就会大大提高，因为他已经把"你的形象+不痛快"打包起来储存在记忆里了；或者办公室特别乱，以至于你无法正常思考，也是因为外在的混杂环境和抑郁的情绪被打包储存起来了。

神经链理论有一个分支，叫作"行为决定情绪"理论，说的是，如果你保持微笑三十秒，心情就会好起来；保持苦瓜脸三十秒，心情就会变坏。这是完全正确的。在我们几十年的经历中，所有嘴角上翘、眼带笑意时的记忆都是美好的，只要保持这个动作，深层记忆（前额皮层打包的记忆）就会被调动起来，心情自然就舒畅多了。所以笑=几十年的美好事情=心情愉悦。同理，放一首欢快的音乐可以让心情兴奋起来，看全家福、闻花香、吃好吃的东西都能够调动愉悦的深层记忆。

在奖励性神经链行程中，最成功的也许就是网络游戏和彩票了。游戏就像人生，玩家通过自己的努力获得成就感，他们集中精力、遵守规则，通过一系列的步骤来一步步升级，获得更华丽的装备和杀死更高等级的魔兽，就会有成就感和存在感。本来青少年的自制力是最差的，戒除网瘾很难，但是他们却可以二十多个小时打网络游戏，精神高度集中、遵守规则、平衡短期目标和长期目标、做各种战略选择、一步步升级到更高的装备杀死更高级的魔兽。**奖励性神经链的作用实在太强大了，三次即形成神经链，因此，一般的网游升前三级很容易，先让你形成奖励性神经链再说。**

彩票也是如此，不管中不中，都会有人来买。彩票的奖励，是不确定的、难以预料的奖励，比一定会中奖的其他东西诱惑力更大。

但是惩罚性神经链似乎形成得更加容易、更加深刻。我接触的很多咨询者，心理年龄都很低，他们都把自己当成了一个需要保护的小孩子，原因是现代人多多少少都有一点儿童年阴影，仿佛人生永远就停留在了那个遭受打击的阶段。

比如A先生之所以戒不了烟，是因为他患了一种叫作"健康恐惧症"的病。这还要归功于我们的催眠师，折腾了四五个小时才搞明白。

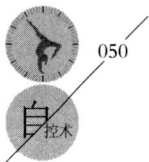

他小时候很活泼好动，经常弄得一身臭汗，衣服很脏，而他的母亲脾气比较暴躁，每次看到就会打骂。于是在他的深层记忆中，精力旺盛＝母亲的打骂＝痛苦，所以每次戒烟一段时间、身体能量得到恢复之后，都会再度复吸，因为他的深层记忆使他非常恐惧能量充足的身体。

弗洛伊德说："人类的一切行为都是为了逃避惩罚和得到快乐。"每个人都做过很多错事，但是没有被惩罚的错事会有很多，因此，大多数人都有一个错误的奖励性神经链：世界是不公平的，重要的不是做了什么，而是是否被惩罚了。所以侥幸心理存在于每个人身上，我们都多多少少觉得自己是个例外和幸运儿。

∵ 错事＝快乐，错事≠必然惩罚，

∴ 做错事很划算。

当大象还是一只小象的时候，它被一条细绳拴在木桩上，任凭怎样拼命用力都无法挣脱；在象长大之后，它仍然觉得自己肯定没法挣脱这条细绳。你为它感到悲哀吗？悲哀，真是太悲哀了，这条神经链建立得太牢固了。但是，还有一种情况，比形成惩罚性神经链更加悲哀的，那就是根本形不成神经链。

心理学家奥弗米尔有一年用狗做实验，训练它越过屏障以逃避电击。但是，当狗多次受到不可预期且不可控的电击后，它就不再逃了。当它意识到自己无论怎么做都无法掌控环境的时候，它会绝望，放弃任何努力。所以，当有机会、有能力逃走时它也不再动弹，只是沮丧、压抑、悲哀地趴在那儿不动。当奖励和惩罚紊乱、信息不对，人就会被逼疯；当不该奖励、表扬的时候被奖励，人也会被逼疯，最起码让人不知所措，所以总是得到不应得奖励和褒扬的孩子，会患精神疾病，就像经常被无端否定的孩子也会得病一样。

蔡氏效应：
天生的完成欲

最后要说的是半途而废效应。

当我们要做一件事，比如在想如何应对明天的客户；这时，孩子的老师又打电话来说去开家长会；另外，你又想到今天晚上还有个很重要的聚会要参加……此时，电话铃又响了起来。接完电话，你忘了刚才在做什么了，于是开始收拾屋子。但是你的脑子静不下来，总是分神，不知道该做什么好，于是，注意力被分散了。但是，注意力到哪儿去了呢？你不知道，只知道自己心烦意乱，一团乱麻。这是为什么呢？

苏联心理学家蔡加尔尼克（Bluma Zeigarnik）转述其老师库尔特·勒温（Kurt Lewin）观察到的现象：在餐馆里，服务生总能记住谁没有付钱，该付多少，那人长得什么样；可是一旦付过，他就很难再记住客户的脸、衣着等身体特征了。也就是说，如果你没付钱，又把皮包落在了餐馆，服务员一下子就能记起来，啊，那个人是你；如果你付过钱了，他很容易就忘记那个皮包可能是你的了，甚至很可能认为你根本就没有来过。

蔡加尼克觉得这个现象很有意思，于是开始自己做实验：

她找到三十二个人，要求他们做二十件工作，然后获得一项报酬。这些工作包括：1. 写下一首你喜欢的诗；2. 从五十五倒数到十七；3. 把一些颜色和形状不同的珠子按一定的模式用线穿起来……完成每件工作

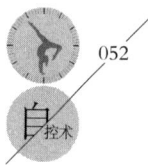

所需要的时间大致相等，一般为一分钟。

其中十六个人被允许完成所有工作，另外十六个人则在中途加以阻止五分钟，然后再让他们继续完成。完成后，让他们回忆自己这二十件事都是什么。实验结果发现：前十六个人，平均回忆率只有百分之四十三；而后十六个人，平均回忆率为百分之六十八。

看来，半途被截断的人，就会很不爽，所以印象会更深刻；而顺利完成的人，"完成欲"得到了满足，很容易就忘记了。

她又做了一个实验：把人分为甲乙两组，演算数学题。甲组的数学题数量是乙组的一半，所以，当甲组顺利演算完毕时，乙组正在演算中途。她突然下令停止，然后让两组分别回忆演算的题目，乙组明显优于甲组的记忆。看来，人有一种天生的完成欲。

这个现象后来就以蔡加尼克的名字命名，叫作"蔡氏效应"（Zeigarnik Effect），指人们对尚未处理完的事情，比对已经处理完的事情更有印象。如果你让秘书去打印文件，打到一半就让她去擦桌子，擦到一半再让她去送材料……这样一来二去，她就会被逼疯了，最起码精神恍惚，注意力分散。这些没有做完的事情、没有发泄的情绪、没有说完的话，很容易把人搞分裂了。因为人在同一时间只能做一件事情，而那些没有完成的事情，就会积累在脑子里，必须用足够的心智能量才能去抑制它们不断被完成的冲动。

在演讲的过程中，有一个应用蔡氏效应的策略，那就是适当留一些空白，会取得良好的演讲效果（蔡氏效应应用到演讲里叫作"空白效应"）。在演讲中出现空白，听众的大脑就会一直想要完成整个过程，致使注意力不断提高。在广告学中，也可以应用蔡氏效应，所以广告都是插播的。插播广告不但不会给节目效果减分，反而会让你的注意力更加集中。不知道你有没有这种感觉，在电视机里看《甄嬛传》，比自己在网上看要爽得多，原因还是蔡氏效应：不断插播的广告，会让电视机里《甄嬛传》比网络上一点儿不卡、一点儿没广告的在线播放体验要"爽"，这都是插播广告的功劳。

蔡氏效应的生理基础是这样的。人的神经链经过三次完整的行为就能初步形成，因为每一次完整的行为都能在两个神经元之间放一次电。每一个完整行为，可以细化三个步骤：要做这个行为的想法→进行阶段→做完，这三个步骤对应着两个神经元之间的放电过程：准备放电→积累电压→放电成功的过程。

比如要让醉汉形成"地板=睡觉"的神经链。我们已经知道两个神经元之间要有一次完整的经历，才能放电一次，之间进行第一次尝试链接；第二次再有一次完整经历，就再放电一次，建立一点点链接；第三次再有一次完整经历，使得神经链初步完成，就可以让醉汉认为"地板=睡觉"了。

而万一经历不完整的话，会怎么样？地板出现了，醉汉想躺下，放电准备；于是两个神经元之间开始积攒电能，积累电压，准备放电。一切就绪，就等他躺下就放电了……这时电话响了，他不得不去接电话。

一切都结束了吗？不。两个神经元之间的电压还在，它没有释放！这两个神经元之间积蓄着还没有放电的电压，会让神经元觉得憋得慌。而且，这个电压就永远存在在那里了，这就是蔡氏效应的生理基础。

一件事儿没有被完整地做完，两个神经元之间的电压就会一直存在，总会有释放的需求。它才不管这个神经链是否能经历三次并最终形成，也不会管你是不是会觉得不舒服呢！反正这个没有被释放的电压的神经元是不舒服的，它会不断积累电压，不断提醒你：注意，这里还有

自控术

活儿没干完呢。

有了电压，就得释放。你觉得这是坏事儿还是好事儿？我说，这只是我们的生理基础，没有什么好与不好。它让服务生记得所有没付过钱的就餐者，也让醉汉总有一天必须睡一次地板才行，它只是让任何事情必须完整地做完，必须被了结，这根本就没有什么好坏之分。

神经元之间的放电被延迟，就可以叫作"半途效应"。应用在成功学里，就是所谓的"大器晚成"，积累的时间越长，爆发力就越大。英语里把这种人称之为叫作"late boomer"（发育晚，一发育就爆发），或者叫作"蘑菇原理"。蘑菇原理源于二十世纪七十年代的一批年轻的电脑程序员。当时许多年轻人生活并不太理想，就经常自嘲"像蘑菇一样活着"。他们认为自己不是失败者，而是"尚未成功者"。

有一位心理学家名叫桑代克，他侧重研究惩罚性神经链，他认为学习就是试错，积累的错误越多，学得越多，成功越有可能出现；另一个叫作斯金纳的心理学家则侧重研究奖励型神经链，他认为一切都可以通过小步强化积累。比起这两个，我最喜欢科勒（Wolfgang Kohler）的顿悟理论：科勒把黑猩猩苏丹利关在一间放置着数个零散箱子的房间里，然后在屋顶上挂了一串香蕉，苏丹利怎么都够不到它。苦思冥想了数日后，苏丹利终于顿悟，它把箱子摞起来，并拿到了香蕉。黑猩猩的智慧是有限的，也没有得到任何来自科勒的提示，但经过几天的思索，它终于变"聪明"了。这也说明，两个神经元之间虽然不能放电，但是，积累的电压越来越大，总有会放电的时候；而一旦放电，就让苏丹利的智力得到了瞬间爆发式的突飞猛进。

美国艺术家摩西奶奶在退休好多年后，居然发现自己有惊人的艺术天赋，七十五岁开始学画，八十岁举行首次个人画展。于是神经元放电不成，又产生了个新词——"摩西奶奶效应"。

其实，不管是蔡氏效应、蒙太奇效应、顿悟效应、大器晚成效应、蘑菇效应、摩西奶奶效应……都在说明半途而废并不见得是一件坏事。

美丽即美德：
漂亮的人怎么会是罪犯？

美国心理学家戴恩做过一个研究，让人们看一些照片，照片上的人分别是具有魅力的、无魅力的和具中等魅力的，然后让人们从与魅力无关的方面去评价这些照片上的人，如他们的职业、婚姻、能力等。结果发现，有魅力的人在各方面得到的评分都是最高的，无魅力者得分最低。

"光环效应"是奖励性神经链的一个佐证。我们对他人的评价会被其外表所左右，如果一个人长得漂亮，那么我们的情绪就会良好。于是，所有把良好情绪打包起来的神经链都开始起作用，所以我们认为他们自然而然地就应当拥有那些品质，比如善良、聪明、理智等等，直到有相反信息出现。所以，名人的丑闻，才能称得上丑闻，而我们自己如果有不好的行为，基本上都称之为不良习惯。

1977年，心理学家理查德·尼斯贝特（Richard E. Nisbett）开始对"美丽即美德"的现象进行调查，他们想知道耶鲁大学的学生是如何给老师打分的。

学生们被分成两组，分别看两段同一讲师的不同视频，要求学生们在看完视频后给老师的口音打分。这个老师有浓重的比利时口音。其中的一组学生看了这位老师西装笔挺地回答了一系列的问题，而另一组学生看了这个老师胡子拉碴地回答同样的问题。

自控术

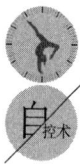

第一组学生认为他的口音很有魅力，第二组则不然。而且，在重复试验的情况下，学生们试了很多次都给出了同样的评分，而且完全不知道自己为什么这么评分。实验结束后，学生们被暗示，自己对老师的外表喜欢与否可能影响了他们的评分，但是大多数学生都解释说，他们对老师口音的判断，完全取决于他说话时表达是否充分，和他的穿着打扮与长相等外在因素完全没关系。

同理，美国的司法实践中的"陪审团"饱受诟病，因为一般长得漂亮的、帅的嫌疑人，经过陪审团合议，都会和法官的判断相差甚远。

中性神经链：

你不打呼噜我怎么睡啊？

最近有人对猴子做研究，他们带来一只猴子，把它一只手的四根手指压住，在另一根手指（大拇指）上掰来掰去。一次又一次地做，做了成千上万次之后，就发生有趣的事情。你每次弯动猴子的这根手指时，都可以想象是在猴子的脑袋里把神经元一个个地连接起来，动一次猴子的手指就做一次链接，动两次就做两次链接，做了成千上万次之后，猴子此时已经被连线好去这么动了。

——选自安东尼·罗宾的演讲

奖励性和惩罚性的神经链形成比较容易理解，还有一种是中性的，和情绪没有关系。有些人的脑袋一碰枕头就犯困，有洁癖的人看到脏东西就擦。还有个故事是这样的：老婆埋怨了老公一辈子，说他睡觉打呼噜，老公就去开了好些药，很管用，但老婆晚上睡不着了，翻来覆去的，最后忍不住大叫："你不打呼噜我怎么睡啊！"还把他的呼噜药都给扔掉了。

中性神经链完全依靠不断的重复行为所形成，它能使一个东西成为我们生活的一部分，虽然形成的过程会比较慢，但是一旦形成就会牢不可破。张大千是个大胡子，胡须垂到肚子上。有人好奇地问他："你睡觉的时候，胡子是放被子外面，还是被子里头呢？"他一愣反倒答不上来了。结果，晚上睡觉的时候，他把胡子先放在被子外头，觉得不对劲儿；又放在被子里面，觉得不自然，结果一宿没睡好。同时还说明，中性神经链对睡眠来说是非常有启发的。如果每次躺下就睡，不困不睡，那么枕头和睡觉之间就建立了稳定的中性神经链；反之，如果人们总是躺在床上看电视，倚着枕头看书，就会建立起"躺在床上+不睡"和"倚在枕头上+不睡"的稳定的神经链，从而破坏"枕头=睡觉"的神经链，因为那中间的部分正储存着我们最顽固的习惯。

固执的中性神经链在我去西藏时发挥了作用。记得第一次吃糌粑的时候，我觉得很腥，吃了特别不舒服，其实这就是神经链在捣鬼。看起来仿佛是身体在拒绝糌粑，但是身体怎么会拒绝脂肪和淀粉呢，拒绝它的实际是神经链，是神经链认为这不是食物。

美国社会心理学家弗里德曼做了一个实验：他让助手去拜访某个社区里三分之二的家庭主妇，让她们把一个小招牌挂在窗户上，有一半人答应了；过了半个月，助手再次拜访这个小区里所有的家庭主妇，请她们把一个大招牌放在庭院内，这个牌子很不美观，之前未被拜访的那三分之一主妇中，只有百分之三十五的人同意放大招牌；而放过小招牌的家庭主妇中有百分之五十五的人同意放大招牌；曾经没同意放小招牌的家庭主妇中，有百分之十七的人同意放置。弗里德曼把这种现象叫作"得寸进尺效应"，是中性神经链的一个变形应用。

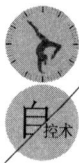

这个原理还有很多叫法。比如"温水煮青蛙效应"：把一只青蛙放在沸水中，它就会一下子跳出来；把它放进温水，然后再慢慢升温，青蛙就会一直若无其事地待在水里，直到被煮熟；比如"秃头论证"：如果发生"鬼剃头"，一夜掉光头发，或者是某个理发师技术不到位，没把顾客的头发理好，到最后只能给他剃个秃瓢，人们就会暴怒、恐慌；但是，如果人们只掉了一根头发，就不会那么担心；再掉一根，也不担心；慢慢地也就觉得掉头发是很正常的事情，最后变成秃头了，也觉得是正常结果。再比如，往一只骆驼身上放一根稻草，骆驼不会有负重感，再加一根，骆驼还是没有反应，又加一根……直到最后一根轻飘飘的草压到骆驼身上后，骆驼就被压趴下了，这就是著名的"一根稻草压死骆驼"的谚语，又叫"稻草原理"。

从中性神经链的形成角度来讲，各种仪式都是很重要的，绝对不会形同虚设。比如在封建社会，娶个媳妇要三媒六聘、八抬大轿、跨火盆、射三箭……虽然夫妇双方都经媒妁之言，在洞房是第一次见面，但大多数都会厮守终生、相扶到老。为啥？经过这么多道仪式，中性神经链形成得太牢靠了。

自控和失控之间，也有一个仪式，或者叫作心理底线，越过这个底线，人们就习惯性地失控了。每个有自控问题的人，心里都和自己有个协议——底线是什么？如果是零容忍，那么，戒酒期间的酒鬼，一旦喝一口酒就会喝一杯，喝一杯就会喝一瓶，因为仪式已经完成，崩溃成为必然。如果和自己的协议是喝一杯，那喝完一杯后，底线就还没有被打破，失控仪式就没有完成。

还有一种中性神经链，是我们最熟悉也最容易忽略的：生物钟。一般认为，人的松果体（位于两眉之间）能合成、分泌多种生物胶和肽类物质，可以调节整个神经系统的分泌，有很强的生物节律性，与光线的强度有关。松果体白天分泌5—羟色胺，让人兴奋，光线越强分泌越多；黑夜分泌褪黑激素，让人安静下来。所以松果体就是人体的"生物钟"的调控中心，向中枢神经系统发放"时间信号"，如果连续三天都在同一时间入睡、在同一时间醒来，这个生物钟就初步形成了，比闹钟还灵。

又不是断手断脚，
习惯不需要二十一天那么久

人的行为分为神经链控制的和意识参与的。自控力高的人，往往不需要调动意志力，因为人的意志力实在有限，总是调用意志力，会把自己搞得筋疲力尽。**自控力高的人，都把意志力用在形成神经链方面了**，他们把良好的行为化成了自动的行为，意志力参与少了，也能够集中力量去做更加有挑战性的事情。否则，每天睡觉、起床、吃东西都需要意志力参与，哪还有多余的能量去对付招人恨的老板、惹人烦的客户呢？

养成一个新的习惯需要多久呢？ 麦斯威尔·马尔茨（Maxwell Maltz）认为是二十一天。他通过对断肢者的观察发现，二十一天内，断肢者并不认为自己的肢体已经不在了，大脑还有反应，但是反应会越来越弱，等过了二十一天，他们就习惯了新的生活。于是，麦斯威尔在1960年提出该理论，并提出二十一天的习惯养成时间。

但是，上述的习惯改变周期总结针对的是：遭遇意外的人适应自己断肢的时间。毕竟手脚跟了他们若干年，大脑要专门开辟足够强大的、管理断肢的部门。相对而言，去掉一个习惯就应该容易多了，因为一个习惯不可能像手脚一样是打从胚胎起就与生俱来，所以不需要那么久，

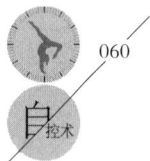

用情绪型神经链的形成方式，三至六天就可以形成新的习惯。

制定目标的时候，也可以效仿网游这个最成功的奖励性神经链开发方式，给自己设定一个阶梯的奖励，并在终点来一个大奖。这奖品需要让自己真心感到高兴，不能忽悠自己，因为敷衍别人容易，就是骗不了自己。

关于三次就能建立奖励性条件反射的说法，俄国生理学家巴甫洛夫是支持的。他对狗做的条件反射实验，是在喇叭和食物之间建立了稳定的奖励性神经链，即：一按喇叭狗就会流口水，即使没有食物也一样。巴甫洛夫认为，条件反射需要重复三次以上才能形成初步条件反射，后续假设不加强，条件反射就会逐渐减退，这说明三次形成的初步神经链不太稳定。

> 每当安东尼·罗宾走进机场时，总会施舍一点儿钱给那些乞讨的穷人，安东尼经常遇到其中一位乞丐，由于给钱的次数多了，他们就认识了。只要安东尼走进机场，乞丐就会立刻走到他面前讨钱，安东尼也会照例给一些。有一次因为赶时间，安东尼的口袋里没装零钱，于是不好意思地对乞丐说："很对不起，朋友，今天我手中刚好没什么钱。"没想到乞丐听完这话就变了脸色。

这里不是要讨论乞丐的不知满足，说的是到底几次可以形成这种稳定的神经链接，以至于不满足它的期待就会让人非常不快。不如问问你自己吧。

比如，某年一月份因为你工作努力，涨了两千元的工资，你感到很高兴；第二年又在同一个月份涨了两千元工资，你仿佛就不如第一年高兴了；到了第三年，给你涨一千元，你可能就不高兴了："往年都是两千，今年怎么成一千了？"为什么你会这么想？因为必须连涨三次两千元，这条"涨工资的神经链"才会形成。而三次，就是任何一条神经链初步形成所需要的最少次数。

暗示比明示管用

"感觉剥夺实验"是指将受试者置于和外界环境刺激高度隔绝的特殊状态。在这种状态下，各种感觉器官接收不到外界的任何刺激信号，经过一段时间之后，受试者就会产生这样或那样的病态心理现象。

受试者一般会出现：错觉、幻觉、感知综合障碍、继发性情绪行为障碍等，比如对刺激过敏、紧张焦虑、情绪不稳定、逻辑思维迟钝……这能说明什么呢？

说明我们必须要感受点儿什么东西才行，哪怕在漫不经心、发呆或者睡眠的时候。那么，我们睡眠和发呆的时候到底感受到了什么信息，它们被存到哪儿了、又是干什么用的呢？

经过调查，邦诺书店（Barnes & Noble）的平均上架书目为十三万种，而美国亚马逊有一多半的销售量都来自邦诺书店排行榜十三万名开外的图书。如果亚马逊的统计数据准确的话，就说明那些不在实体书店里上架的图书，要比那些摆在书店书架上的图书的市场更大。挪用到心理学上就意味着，我们的意识注意到并获取到的信息，其实都不及每天感受到的信息的二分之一。

所以，下次如果有个人告诉你："我一直在问自己为什么，我到底喜欢你什么，你什么地方吸引了我？我想破了脑袋都找不到答案。我想，这可能就是天意吧！"请你千万别信这话，因为从他/她出生开始，就不断积累各种他们自己都不知道的信息，放在脑子的神经链里，形成

自 控术

固定的深层记忆。没有人比他/她更清楚自己究竟喜欢你哪方面了。

美国心理学家曾经做过一个有趣的试验，在给大学心理系学生讲课时，向学生介绍说聘请到了一个举世闻名的化学家。然后这个化学家对同学们说，他发现了一种新的化学物质，具有强烈的气味，但对人休无害，他只想测试一下大家的嗅觉。接着打开瓶盖，过了一会儿，他要求闻到气味的同学举手，不少同学举了手，并说出了不同的刺鼻性气味。

其实瓶子里装的不过是蒸馏水，化学家也只是个德语教师，但学生们由于接受了他"名人"身份的暗示，使得反意志力一早便休眠了，就会联想闻到了什么味道，并以为那就是化学物质的味道。

这些投射到五官上的各种各样的信息，只有一小部分被意识注意到了，大部分都未经注意力就直接注入中性神经链。科学家福瑞斯做了一个试验，一边用核磁共振扫描一群人的大脑，一边在他们面前闪过一张仅在屏幕上逗留一毫秒的、面带恐慌的脸，当问受试者是否看到这张脸时，他们都说没有。但是测试结果显示，他们的大脑其实已经看到了这张脸，因为大脑内的前扣带皮层（掌控恐惧感）和杏仁核（掌控厌恶感）突然变得活跃起来。接着，福瑞斯把那张脸换成了一张黄色果汁的照片，同样逗留一毫秒，试验结束后，工作人员端上不同颜色的果汁让受试者进行识别，结果，百分之七十五的受试者在排除了绿色、红色、黄色、紫色、玫瑰色等颜色的干扰后，都选择了黄色的果汁。

该试验证实，**大脑能接收到的信息比人们预想的要多**，意识只是注意到了其中非常小的一部分，其余没有经过意识过滤的信息，直接进入了大脑，这时的人就像被催眠了一样，全盘接受这些信息，因为这些信息完全没有或只有一部分激起了反意志力的干扰。

福瑞斯发现：大脑后半部分的某处专门负责协调环境，无须经过意识过滤，就能持续吸取周围环境的信息。然而，因为它吸收了太多的信息，所以，只能让一些重复出现的信息被编码、打包、储存。

如果听到某人在我们演讲前淡淡地说了一句："他一定讲不好，他非得怕死不可！"你似乎并没太在意，既不知道是谁说的，也没弄清楚这句话的意味。但你知道吗，这种淡淡的、不知确切来源的、不知是真是假的信息，比被人当面夸奖或大骂一顿更加有效，甚至导致你的演讲真的不成功。因为这些没有被意识拦截住的信息，会直接进入中性神经链的形成阶段，这种没经过意识过滤就直接投射到心理深处的现象，被称为"瀑布心理效应"，就好像它会在若有若无、淡淡幽幽的汇流后，终于抑制不住地在结果处激烈爆发，进而不可收拾，造成一个人的态度、行为、情绪的剧烈变化。

我们所表达和接受的信息，意识之外的比意识之内的更有价值，所以，才有了"气场"这么个东西。气场这个词听起来很奇怪，充满了迷信色彩，其实不然。就拿传达气场（信息）来说，我们的眼神、眼部肌肉的微小变化、脸部肌肉线条的变化、嘴角肌肉的变化、胳膊的动作、手指的动作等，浑身上下都充满了信息。

意识控制得住气场吗？答案是：控制不住。即使能控制住眼神（比如眯缝起眼睛）、眼部肌肉和嘴角肌肉的变化，能控制得住眼部肌肉和嘴角肌肉之间的不协调吗？

即使控制住了手指动作和胳膊动作，以及两者的不协调性，能控制胳膊动作和嘴角肌肉、眼部肌肉的不协调吗？

……　……

也就是说，**我们能够用意识控制的信息，比起无办法控制的信息要少得多。所以，意识根本控制不了气场（信息）的传达。**

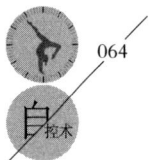

但反过来说，对于接受方来说，他能接受得了这么多信息吗？答案是：能。虽然接受方的意识只能聚焦在一两点上，但是，其他所有的信息都不用通过意识，而是直接进入了脑子，那些神经链一整合，就会判断出对方的综合信息到底在传达些什么。

于是，我们在不知不觉中，已经完成了信息的传达和接收。因为是不知不觉，所以把这个过程叫作气场传递就不足为过了。每个交往中的人都无时无刻不在放射和接收着不经过意识的信息。就是说，人在不知不觉中放射影响力和接收影响力，所以有的人互相瞅两眼，就会知道彼此是不是能够合得来，并能瞬间判断出对方的基本性格特征和行为方式。之所以这么快，是因为不是靠意识来判断的，而是靠深层记忆（神经链储存的信息）。先读这个故事：

> 曹操统一了中国北方之后声威大震。匈奴王派使者送给曹操很多宝贝，并暗中观察曹操是否值得依附。曹操觉得自己长得又矮又丑，于是安排谋士崔琰躺在自己的床上接见使者，而曹操本人则拿了一把大刀站在床边扮作侍卫。崔琰可是一个眉目清秀、身材高大、器宇轩昂的人。
>
> 接见完毕，曹操派人追问匈奴使者对魏王的印象，使者答："魏王雅望非常；然床头捉刀人，此乃真英雄也！"于是曹操便立刻派人杀了这个使者。

曹操为什么要杀了这个使者呢？我猜曹操想的是：我曹阿瞒这么能装，你都能识别出来，这还了得，那岂不是比我的聪明得多？让你回去，岂不让匈奴如虎添翼？于是必须杀了他。

肥胖传染病

镜像自我

还记得前些年大家一起疯狂抢盐的时候吗？本来很多人是不相信吃盐能防辐射的，可是不知怎么的，去完超市回家后，自己也跟着买了一大堆盐。

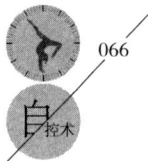

不传染的东西太少了

2012年7月，英国的《每日邮报》刊登了一篇文章：交了胖朋友，你也会变胖。

美国芝加哥洛约拉大学研究人员发现，那些交了比自己还胖的朋友的人，他们也会更容易发胖。相反，那些交了比自己还瘦的朋友的人，要么会慢慢瘦下来，要么会胖得特别慢。

这项研究主要是想知道肥胖似乎也"扎堆儿"的原因：到底是因为朋友间会影响彼此的行为习惯，还是青少年更愿意跟自己相似的人聚在一起。

研究者共对近两千名学生进行了调查。调查发现，对于一个体重超标的学生，如果他交了一个瘦的朋友，那他日后瘦下来的可能性达到百分之四十；如果他交一个身材与他差不多的朋友，能够瘦下来的可能性只有百分之十五。

报道还指出，交朋友估计得选一选了，因为你的肥胖似乎与你的朋友圈脱离不了关系。不过，谁又会真的因为这个原因跟朋友翻脸呢？

另外，你可能知道口音会传染。我们大学宿舍一共六个人，有一个东北人，等我们毕业的时候，另外五个人都是一口东北腔调了，所以口音是会传染的。

行为也会传染。讲课非常无聊又严厉的老师，可能会禁止学生上课打哈欠，因为有一个人打哈欠，满堂就都会打起哈欠来。

情绪也会传染。有个段子是这样的："今天课堂上，老师说了一句话，同学都哈哈大笑起来，我一时走神没听到，于是问笑得前俯后仰的同学：'怎么了？怎么了？老师说了什么这么好笑啊？'前面同学回过头，一边笑得岔气，一边断断续续地跟我说：'我也不知道！'"

同样，习惯肯定会传染。美国科学家对三千多名三年级学生（八岁）的父母的吸烟情况做了基本数据调查，再等这些儿童长到十八岁时对这些家庭进行跟踪调查。结果显示：在八岁之前，戒烟的家庭与吸烟的家庭相比，儿童长大后成为烟民的机会要小百分之三十九。在吸烟家庭中，假如父母中的一方在孩子八岁左右戒烟，孩子变成烟民的机会则减少百分之二十五。

如果习惯会传染，那么肥胖、亚健康、失眠的传染就有了科学解释；如果行为也传染，那么失控、怯场、拖延、口吃等传染也有了合理解释；如果情绪也传染，那么抑郁、暴躁、乐观等的传染也就不足为奇了。另外，相貌也会传染，夫妻相说的就是多年生活在一起的夫妻俩，会长得越来越像。

一切都会传染，那有什么事情是不传染的吗？有的。物理性的身体特征不会传染，比如断肢不会传染，心脏病不会传染，头发的颜色不会传染（不是染头发，而是基因决定的头发颜色）。但是不会传染的，也就仅限于此了，仿佛不会传染的东西太少了。

这些都是个人性传染，社会性传染就更有意思了。

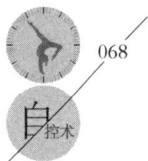

还记得前些年大家一起疯狂抢盐的时候吗？本来很多人是不相信吃盐能防辐射的，可是不知怎么的，去完超市回家后，自己也跟着买了一大堆盐。

犯罪行为的传染性是众所周知的，一个罪犯抢了一家日本人开的商店，被警察抓住的时候破口大骂："你这个汉奸，我在爱国！"社会性行为的传染说明，我们看似独立的、自我的一部分，其实是由环境组成的。环境进入我们的大脑，成为了其中的一部分，并且不受我们的监控。

为了区别流行性感冒一样的传染，我们不如把这种传染叫作"社会性传染"。

社会脑：
吸毒为何横行港台演艺圈

2006年年底，台湾艺人萧淑慎被查出吸食可卡因和K他命，成了台湾演艺圈吸毒状况最严重的艺人。明星吸毒在演艺圈不是什么新鲜话题，圈子里有多名艺人都曾因吸毒、藏毒被检控，有的还因吸毒毁了多年来树立的"好好先生""清纯玉女"形象。2007年6月，她在台北看守所进行为期四十九天的强制戒毒。但同年11月，在一次生日聚会上她被查获再一次吸毒，被捕时身形暴瘦，眼睛凹陷，一米六八的个子，体重却只有四十公斤。两次吸毒，萧淑慎被判刑七个月，缓刑四年。

我想萧淑慎第一次吸毒，可能和有的人第一次抽烟、喝酒一样，感受到的不是快感，而是痛苦，毕竟这些东西对身体的伤害都很大，需要很大的自控力才能忍受那种痛苦并坚持吸下去。这个让她忍住痛苦抽第二口的自控力到底来自哪里？我想是来自她的"社会脑"，因为大家都在吸，所以她自然而然就能控制自己的痛苦感，吸下去，第二口、第三口，直到上瘾。

植物界中里有一种丛生效应，一株植物其实是很难生长的，往往长势很弱，没有生机，只有和一丛同类植物一起生长时，才能郁郁葱葱。用到交际心理学上，把一个小圈子里互相影响的现象就叫丛生现象，还有很多其他的名字，比如链状效应（你影响我，我影响你，然后你又影响我，我又影响你）、关系场效应（一加一可以大于二，也可以小于二）、泡菜效应（一堆蔬菜被腌泡之后，发现白菜已经不是白菜味、油菜也不是油菜味了）等等，不过说的都是一回事儿。在一个圈子里，没人能够置身于外，"出于污泥而不染"有时候只是个美好的理想。

社会性传染在一个环境或圈子里进行。吸毒在整个港台演艺圈传播，肥胖会在家人（父母、配偶、子女、兄弟姐妹）、死党、普通朋友（同事、老板、宿舍舍友、同学）之间传播，成绩差会在一个教室的后排传播……传播的力度如何呢？那就看你和那个人或那群人的亲密程度了。家人、死党、普通朋友，整个社会的传染力度依次降低。乞丐一定不妒忌百万富翁，但肯定妒忌收入更高的乞丐，因为百万富翁根本不是他的社会脑的一部分。

为什么行为、习惯、自控力都会传染呢？原来，这是社会性动物形成自己行为习惯的方式，就是把周围动物的行为习惯看成自己的，越亲密就越是自己的。这就像说，社会性动物大脑里住着很多个动物，它们

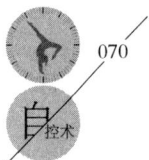

是父母、兄弟姐妹、妻子、朋友、伙伴，而这些综合起来，就叫作"我"。

小时候，大家经常会做游戏，一群人围成一圈，做什么游戏都没关系，反正只要围成一圈就会很高兴，因为这时候你的社会脑是满的，坐在这个圈里的任何一个人都是你。成年人厌食可能是因为情绪脑、神经链和反意志力的作用，但是小孩子厌食的原因最多只可能是：坐在一起吃饭的家人太少——当社会脑的"我"都没有参与进食，他就吃不进去。

而努力的行为也会传染，所以社会上有各种各样的俱乐部，比如戒酒俱乐部、戒烟俱乐部等，这有助于大家一起成功；在学校里学习永远比自学要高效得多；坚定的无神论者进入教堂，听着钟声，看着大家祷告，就会开始动摇，因为挤进社会脑的信徒多了，就逐渐改变了他。

由于社会脑的"我"由周围的人组成，所以，社会性动物就会特别讨厌变化。离婚了，老婆离开了，无论之前多么讨厌她，如今也会心情低落，因为你的一部分也跟着她离开了；家人死亡，你也死亡了一部分；搬家了，你那依靠环境产生的安全感也跟着不见了；换工作了，旧时的自己也随着旧同事的消失跟着不见了……

《千与千寻》里有一个"无脸男"，他没有自我，遇到千寻他就很善良；走进澡堂，他就开始邪恶。当我们把社会脑剥离出来，就和无脸男是一样的，没有自我，因为周围人的行为习惯与心理特征的总和，才能形成"我"。

由于社会脑的存在，被害者成为施害者。受害的时间较短，会引起痛恨和恐惧；时间较长，又是自己社会脑里最重要的人所为，就会引起效仿。所以那些最痛恨自己父亲的儿子，长大后却会越来越像父亲，如果父亲吸毒，他很可能吸毒；如果父亲施暴，他很可能也会施暴。因为父亲的形象存在于他的社会脑中，根深蒂固，这是社会脑战胜情绪脑的一个典型模式。

从进化的角度讲，社会脑的存在是有价值的。它不经过意识，让我们直接去学习社会的惯例，不需要意识的努力，个体就可以融入群体，这有助于意识去学习那些可以在群体中脱颖而出的技能。毕竟，在社会性群体中，遵守公共规范是自然选择的方向。

不过不受意识控制，也有很讨厌的地方，就是意识总是落后。比如你新加入一个环境，大家都吸烟，你自己也开始吸烟。你跟自己解释说：我要合群。这仿佛是你自己意识的结果，但实际上，在你做出这个自由意志和解释之前，已经被周围吸烟的人决定了你要吸烟的事实。

社会反馈：
您的开机速度打败了全国百分之五十九的电脑

当你拥有六个苹果的时候，千万不要把它们都吃掉。因为你把六个苹果全都吃掉，你也只吃到了六个苹果，只吃到了一种味道，那就是苹果的味道。如果你把六个苹果中的五个拿出来给别人吃，尽管表面上你丢了五个苹果，但实际上你却得到了其他五个人的友情和好感。

——俞敏洪

自控术

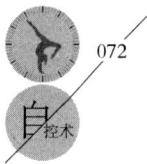

社会脑不是人类所独有的，但在研究社会脑的时候，为了方便与独行性动物比较，我们把人称之为社会性动物。

独行性动物包括老虎、猎豹、熊等；社会性动物包括狮子、斑马、狼等。独行性动物眼里的世界包括：食物、威胁、子女、自然环境；社会性动物眼里的世界包括：食物、威胁、子女、配偶、自然环境、没有血缘关系的伙伴（通力合作、分配收益）、规则（谁负什么责任，谁拿多少食物）、族长（执行规则）。

独行的动物没有社会概念，不需要被认可、不在意被鄙视，没有存在感。一切活动的东西在它们眼里，不是食物就是威胁，所以它们嗜杀、富于攻击性。

社会性动物不仅吸收外来形象用以产生"我"，还通过社会脑存在的形象对自己的态度来定义"我"是谁，确定自己在社会群体中的位置。社会脑不知道自己是谁，只能通过和周围人的关系来确定自己是什么，比如："我们是父母的孩子+是兄弟姐妹的一员+是……"我们是一系列关系的集合，其他所有的人，都是我们的一部分。

人的存在感取决于周围人（社会脑内的人）怎么看待他。社会给我们的评价，比如家人的鼓励、好朋友对自己的评价、同学们羡慕的眼光等，携带的能量都很大。能量大小和该人与我们的亲疏远近有直接关系，纽约州长怎么看我，我可能不太在乎；但是，我的同学怎么看我、我的同事怎么看我、我的爸妈怎么看我，这些加起来的总和就是社会脑对自己的评价，也是自尊自爱的前提。

人必须让自己觉得比群体中一半的人都要优秀，才能保持健康的社会脑。如果做不到，就会象征性地自杀。每天开机后，360开机软件都告诉我：你的电脑打败了全国百分之多少的电脑。如果这个数量高于七十，我个人就会不去清理电脑，因为我比较愉悦，而当它降到五十九甚至四十九的时候，我就开始不舒服了。360软件报告的数字精确吗？反正我的理智是不相信的，但是仍然愿意接受它的结论，而且它提供的数字，确实会让我产生良好、一般或沮丧的感觉。不知道你对社会阶梯上的安全感位置定义是多少呢？

当人无法接受现实，彻底崩溃和绝望之后，就会变成多重人格。多重人格有两个形式：1. 留下自己继续受罪，但派另一个自己去做自己想做的事情；2. 留下自己完全忘记伤害，分裂出一个人格来承受痛苦。

我接触过一个案例，来自一个二十九岁的男人。他说自己是北京人，也说着一口的流利北京话。他说他叫P，父母双亡，死于十年前的六月，他记得那年雨水特别多。我问他身份证上为什么写着籍贯河南，名字是M？他说，他的身份证丢了，那是他假借的一个身份。

M是谁呢？M一家有四口人，父亲是一直受村民们尊重的人物，但无缘无故地消失了。农村的道德观很扭曲，父亲的消失让他们家在村子里无法立足。母亲很悲哀，总希望得到周围人的同情，如同祥林嫂；他有个妹妹，患有先天性心脏病，且没钱医治。在大学期间，家里没有给过他任何生活费，于是他一天只能吃两顿饭，每顿饭都是两个馒头加食堂的免费咸菜，在大学时，他也基本不和人交往。于是，他崩溃了。他给自己编造了另外一个身份——P。

M化身为P的行为，从某方面来说是为了获得社会的尊重。此外，还基于一种叫作"温情效应"的东西，也就是说，在公开场合尽量多做正确的事情，在私下里怎么样都没关系。温情效应可不是虚伪政客作秀的专利，人都是这样的，我们愿意让周围的人觉得我们无

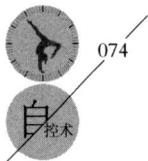

私，以保持正面形象。这是社会脑的本能，所以人人都有点儿伪君子的意思。

一旦离开群体，人就会类似于独行性动物，在缺少朋友和家人时，会孤独痛苦，甚至失控。比如喝酒、吸毒，这都相当于象征性的自杀，此时社会脑太虚弱了，不再起作用了。

拿单亲家庭的独子来说，通常他们的心理不健康。因为社会性的小动物眼里的同类应该有：父母、兄弟姐妹、族长和没有血缘关系的伙伴，社会脑里至少有四个人。但如果只有一个母亲带着一个孩子，那么，这个母亲就必须变成四个人，她同时还是兄弟姐妹、族长和非亲缘伙伴，这就造成单亲孩子在尊重母亲之余，会觉得母亲是竞争对手（兄弟姐妹）、反叛的指向（我要取代族长）、变态的恋母情结（比如会有和母亲发生关系的冲动，因为她的一个角色是没有血缘关系的伙伴）。要弥补这样的缺憾，在正常的独生子女的家庭中，最好养一只宠物，或者收藏特别喜欢的玩具，来代替兄弟姐妹和没有血缘关系的伙伴。

宗教很有意思，对自控力影响很大。如果你信教，至于信哪个神并不重要，重要的是你信的那个神会住进你的社会脑里，成为你的一部分。

智障儿童每天都乐呵呵的，因为他们真的很幸福。压力来自社会，他们没有社会脑，吃饱了喝足了，就不再需要别的了，当然会很高兴了。对于正常人来说，多接触大自然就会让人暂时抛弃社会脑，远离压力。所以，如果你觉得累了，可以到大自然中去散散步，看看绿叶、享受一下阳光，那会真的很放松。

喜欢和爱的本质区别：

你吃花生，我流哈喇子

现在做个实验，先盯住奥巴马这张照片三十秒钟。

看完了没？有没有感觉高兴起来了呢？如果有的话，你的镜像自我已经感受到了奥巴马的快乐。其实我们看每张人脸，都像在照镜子，看到的不是奥巴马，是照在镜子里的自己的脸。如果镜子里的自己高兴起来，我们有什么理由不高兴呢？

人以及社会性动物，都有社会脑，社会脑不是由大脑里一个专门的区域来负责，而是由一种专门的细胞，叫作镜像神经元。这个名字很明显就传达了它的作用，映照别人都在做什么。

镜像神经元可以感受到别人的行为。当猴子看到另一只猴子做某个动作时，比如把一颗花生放进自己的嘴里，这只猴子的镜像神经元就会

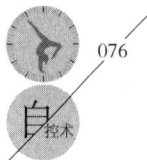

被激活。镜像神经元就像一面镜子，会在观察者的大脑里复制别人的动作和目的，就像自己在吃东西一样，它会分泌唾液。

镜像神经元还可以体验别人的情感。当你听老妈绘声绘色讲自己切菜切到手指的时候，你的手指肌肉也会禁不住颤动，就像自己的手也被切了一样，甚至能感觉到正往外流血。我们看电影其实也不是在看电影，而是让电影里的主角代我们去体验自己想体验的生活——我们想体验身体紧绷、震撼激动的感觉，就会喜欢动作片；我们想体验惊悚刺激的感觉，就会看恐怖片；而我们看到他人痛苦或高兴的表情和身体动作，也会直接创造出类似的情绪体验。

当我们看到别人的表情时，能激发出最强烈的是通情感。杏仁核负责处理面部肌肉和表情，当人面对一张脸时，杏仁核会对其进行扫描，尤其是眼睛。英国伦敦大学学院的塔尼亚·辛格（Tania Singer）做了一个实验，一种情况是把电极放置在被测试者的手部，通电引发他的疼痛感；另一种情况是让观众们观看某人手部遭到电击之后流露出来的疼痛表情。在这两种情况下，被测试者和观众们的脑桥（负责厌恶感）的激活区域都是相同的。

镜像自我可以用来区分很多种相似的情感。爱的定义是什么？对人和事物有很深的感情。喜欢的定义是什么？对人和事物有好感或感兴趣。从理论上讲，我们可以喜欢很多人，但是爱上人的数量就少多了。爱和喜欢的区别，在于你觉得那个对方是谁，是别人还是自己。如果你爱一朵花，你会帮它浇水，如果你喜欢一朵花，你则会把它摘下。因为如果你爱它，它就是你，伤害它就是伤害你，摘下它你也会感觉自己被腰斩了；如果你喜欢它，它就不是你，那它被腰斩就跟你没有多大关系。这就是喜欢和爱的区别：你的镜像神经元到底认不认为它是你。

走，抢盐去！阿希实验和自我意识

　　盐，曾经一度成为最抢手的商品。中国经历了一场轰轰烈烈的抢盐潮，涨得汹涌，退得迅猛，充满了戏剧性。2011年，核辐射危机下的日本民众淡定从容，一千多公里外的中国民众心里却爆发了一场轰轰烈烈的心理核爆，弥漫着恐慌。回顾这场突发事件的始末，媒体与民众的行为与反应，错落交织，已满足了一个经典的公共危机案例所需要的全部要素，亦为今后的社会成长留下了反思空间。刚开始的时候，许多人以为这场盐荒不过是个玩笑罢了，可是等到他们半信半疑地去超市打探时，发现盐架早已空空如也。同样被抢购一空的还有酱油、咸菜，甚至还有尿不湿、奶粉等——你所能想到的大部分生活用品。至此，人们才知道，世界上分为两种人：囤盐的人和不囤盐的人。

早在1951年，美国人所罗门·阿希（Solomon Asch）做过一个实验。

首先，他在校园里招聘志愿者，号称这是一个关于视觉感知的心理实验。当志愿者来到实验房间时，就会发现，屋子里的七个座位上已经坐了六个人了，只有最后一把椅子空着。他会以为别人来得都比他早，但实际上他不知道，那六个人都是阿希的助手，是和阿希串通好了的托儿。

实验的形式非常简单，就是给被试者展示两张纸，一张纸上印着一条线，另一张纸上印着标有字符ABC的三条线，要求实验对象在第二张纸上找出与第一张纸上长度相等的那条线。如图所示，答案非常简单，大部分正常人都不大可能选错。判断共进行十八次。

自控术

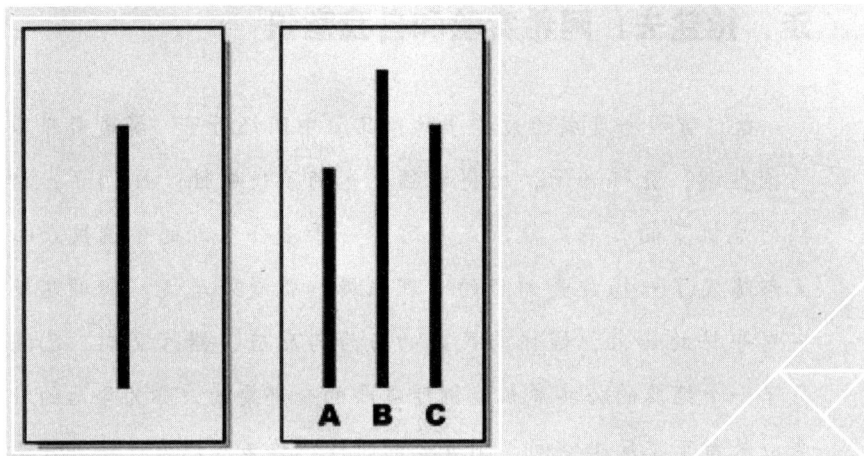

在回答问题的过程中，要求按座位顺序逐个儿回答问题，导致志愿者总是最后一个回答。在十八次测试中，在两次正常判断之后，五个托儿故意异口同声地说出一个错误答案。于是真正的被试验者开始迷惑了，他是坚定地相信自己的判断力呢，还是说出和其他人一样、但自己心里认为不正确的答案呢？

结果，志愿者们的正确率只有百分之六十三点二。当然，也有百分之二十四的人一直没有从众，他们按照自己的正确判断来回答。值得一提的是，通常认为女性的从众倾向要高于男性，但从实验结果来看，二者并没有显著的区别。

阿希认为，从众行为应该还和人群数量有关，所以他又进一步改进了实验，分别增加真实验者的人数。当只有一个托儿时，志愿者的最终成绩几乎和单独回答时一样好；但是当托儿增加到两人时，志愿者的错误率上升到百分之十三点六；当托儿增加到三人时，志愿者的错误率就升到了百分之三十一点八；托儿的数量越多，志愿者的错误率就越高。

由此，阿希得出结论：在进行决策时，只要个人意见与集体意见发生冲突的时候，正确的个人意见会在盲从中被掩盖。人们在很多大程度上受他人的影响，违心地进行错误的判断。

这种"别人干啥我也干啥，不管对不对"的倾向，叫作"从众效应"或"海潮效应"，用到商业上叫作"品牌效应""名人效应"等。名字有很多，其实说的都是一回事儿，说明人们总会淹没在社会的布景当中，成为其中随大流的一部分；同样的，印在我们社会脑里的人，都成了"我们"，"我们"要融合进社会里去，成为整个社会背景的一部分。

心理学家赫洛克做过这样一个实验。把人分成四组，让他们做一件工作。第一组为表扬组，每次工作后予以表扬和鼓励；第二组为受训组，每次工作后严加训斥；第三组为被忽视组，不予评价只让其静听其他两组受表扬和挨批评。结果受表扬组和受训斥组的工作成绩明显优于被忽视组，而受表扬组的成绩提升更快，这说明被漠视还不如被批评来得痛快啊！

这让人想起史蒂芬·克兰的那首小诗：

一个人对宇宙说：
"先生，我存在！"
"是的。"宇宙回答，
"不过，那跟我又有什么关系呢？"

美国心理学家格维尔茨做了一个实验。他准备了几套难度不等的

自控术

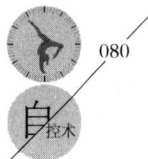

习题，由学生们自由选择去做。他发现能力较强的学生，解决了其中的一个习题之后，便不愿意再解决相似的习题，而挑较为复杂的、更艰难的习题，探索新的解决方法，并兴趣盎然。这显示容易的工作并不能带来什么，只能带走什么。而它带走了什么呢？答案似乎又指向了一个东西：存在感。

我们拒绝被环境漠视，如果环境漠视我们，我们变成了背景的一部分，不再有特点，不再有变化，成了静静的、默默的社会背景的一部分，这会让自我意识感到惶恐。所以，我们要寻找自己的存在感，寻找自己存在的理由和证据。

一般来说，人们更倾向于和聪明但有缺点的人共事，这种现象叫作"失态效应"（Pratfall Effect），或叫"出丑效应"，其中pratfall表示不小心屁股着地摔个四脚朝天的姿势。意思是聪明人犯点儿不伤大雅的小错误，不仅不影响他的优点，反而会使人觉得他会犯错，容易相处。

这个试验是这样进行的。四段情节类似的访谈录像分别放给测试对象看。第一段录像里接受访谈的是个非常优秀的成功人士，态度自然、谈吐不俗、非常自信，不时地赢得台下观众的阵阵掌声；第二段录像中接受访谈的也是个非常优秀的成功人士，不过他表现略有些羞涩，在主持人向观众介绍他所取得的成就时，他表现得非常紧张，竟把桌上的咖啡杯碰倒了，咖啡还将主持人的裤子淋湿了；第三段录像中接受访谈的是个非常普通的人，他不像上面两位成功人士那样有不俗的成绩，在整个采访过程中，他虽然不太紧张，但也没有什么吸引人的发言，一点儿也不出彩；第四段录像中接受访谈的也是个很普通的人，在采访的过程中，他表现得非常紧张，和第二段录像中的人一样，他也把咖啡杯弄倒了，并弄湿了主持人的衣服。

结果显示：最不受欢迎的是第四段录像中的男士，而最受欢迎的是第二段录像中打翻了咖啡杯的那位，有百分之九十五的测试者选择了他。

由此，我得出来的结论是：**我们总想感受到自己的存在，不想成为环境的布景；一个有缺点的成功人士，恰恰迎合了这种需求，让我们感受到，自己是存在的。**

人必须感受到自己的存在，社会必须对我们产生反应，不管是批评的还是鼓励的。看到社会下降和上升，也能加强我们的存在感，因为我们和社会的相对距离产生了变化，于是我们就感受到自己的存在了——这有点儿像只能看到运动物体的青蛙眼睛。

就像男性在男女同桌就餐时要比单纯男性就餐时要文明许多，因为女性的出现，让他不再淹没在环境里了，最起码还有一点点与众不同，有一点儿特点和个性。

被诅咒的信用卡：
社会脑的商业利用

2012年11月16日，集网络红人、演员、模特于一身的湿露露（吴稀儿）以其惯有的方式出场，现身重庆汽车博览会，为某品牌汽车助阵。这次湿露露穿皮质布条装遮点，五花大绑，仿佛SM装：三根黑色皮条横跨胸部，一条钉着铆钉的皮带绕过脖子从乳沟向下延伸并与低腰短皮裤相连。一时间引来众人竞相围观、拍照、谈论。

我们之前多次提到车展上美女模特的重要性。从多巴胺-ATP系统分

自控术

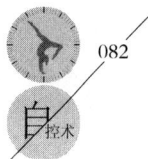

析，美女会激发你的欲望，让你冲动；从情绪脑角度分析，美女会让你肾上腺素升高，需要爆发的能量进一步增加；从神经链角度分析，美女和愉悦感被打包在一起，储存在你的深层记忆中了，美妙的情绪不断涌起来；而从社会脑角度分析，当你看到美女，就会想自己有多少钱，仿佛买了这辆车，美女也跟你走了一样。

广告学的基础，就是忽悠住你，让你买东西；而广告心理学家想要的是怎么让你多掏钱，买不值那个价位的东西。

大卖场里总是灯光明亮、音乐优美，售货员也美丽温柔，这都是在激活我们的镜像神经元。在这个环境中，我们有时候会买下自己本来不需要的东西，比如穿在模特身上的样品衬衫特别酷，但是买回家怎么就不是那么回事儿了呢？其实你买的不是衬衫，而是那个场景、那个环境、那种美妙的感觉。

我们每个感官都可以接受外来信息，并刺激社会脑。剥好的花生比带壳儿的有诱惑力，因为我们会感觉已经放进嘴里吃到了；闻到烟味和看到打火机，就会忍不住抽一根。这些东西容易上瘾，和它们距离越近，所激发出的感觉越强烈，而这种感觉会引导你去实现它们本来的用途。

心理学家伯克威茨在1978年提出了一个关于侵犯的"武器效应"理论，是镜像自我应用在犯罪学里的一个典范。伯克威茨认为，挫折并不会直接导致侵犯，挫折只会导致情绪低落，而情绪低落不是侵犯行为的情绪，愤怒才是侵犯行为的情绪。同时，愤怒还要依赖环境来提供线索，与侵犯有关的刺激才会使侵犯行为得到增强。他设计了一个实验：先让工作人员故意制造挫折情境，打击被实验者，然后安排一个机会，让受到挫折的被实验者可以用电击报复相关工作人员或者无关人员。

电击时有个屋子：第一个屋子里，可以看到桌子上放着的一只手枪；第二个屋子里的桌子上放着一只羽毛球拍；第三个屋子里什么也没有，作为实验参考。

实验结果是这样的：看到手枪的屋子里的被实验者，比放着羽毛球拍的屋子里的被实验者实施了更多的电击，而参考组实施的电击最少。手枪明显增强了人们侵犯的行为，也就是武器加强了人的愤怒，增强了犯罪倾向。伯克威茨把镜像自我的理论应用于犯罪学之后，把它称为"武器效应"（Weapon Effect）。

那好吧，现在轮到信用卡了。信用卡是干什么用的？没钱也可以提前消费的东西，拿在手上，盯着它，它就会让你去买东西。所以深知自己没有自控力的人最好不要办信用卡。

怎么到处都是孕妇：
看到的都是自己

一个哥们儿觉得黑色的奥迪A6很酷，而一般人都买不起，于是咬咬牙买了一辆。结果发现满街都跑着奥迪A6。

一个学生觉得把头发染成绿色的就会很另类、很好玩儿、很与众不同，结果，染了之后就发现原来满校园的同学都是绿头发。

一个女士说："自从我怀孕后，公司里就有了好几个休产假的。"

…… ……

你有没有过类似的经历？满以为做某事儿的人会很少，很能彰显自己的个性和品位，结果做了之后才发现，原来这么做的人很多，最起码

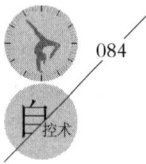

比之前多了很多。

其实，人并没有增多。公司里一年怀孕的还是那么多，开奥迪A6的也只有那么几个，染绿头发的人更少，但是，为什么你会突然觉得满公司的人都在怀孕、全世界都买了奥迪A6、所有的学生都染了绿头发？

这叫"投射效应"（或"视网膜效应""虚假同感偏差"）。就是说，**我们更侧重看到和自己有相同特征的人**，于是就感觉到同类型的人增多了。怀孕了，你的注意力就开始搜索"大肚婆"，没怀孕的人就不再引起你过多的关注了；买车之前你会关注所有的车，买了之后就会只注意奥迪A6；染了绿头发，黑头发怎么可能引起你的注意呢？所以，就会感觉满校园的学生都染着绿头发。

不管你关注自己的什么特点，你都会发现，有很多人都和你一样。你有没有发现那些常常说别人坏话的人，自己恰恰就有很多缺点可说？那些常常骂别人"浑蛋"的人，自己往往就是个浑蛋；觉得"这儿也不行，那儿也不行"的人，往往因为他对自己不满意；觉得别人总是情绪不稳定的人，自己的情绪也稳定不到哪儿去。

所以，我们都有点儿"以小人之心，度君子之腹"的意味，只有拥有和我们一样特征的人，才会被迅速、准确地发现。

另外，视网膜效应还可细分为三类：

1. 我们没有意识到那是自己的特点，而把它加到了别人身上。比如，A对B有敌意，就会感觉B对自己怀有恶意，B的任何举动都有挑衅色彩，其实是A自己怀有恶意，一直待机滋事。

2. 我们意识到了自己的那个特点，但把这个特点强加到所有人（大部分人、很多人）身上。比如你觉得，大家都在作弊，自己不作弊就吃亏了；一个学编程的来给我修电脑，我千恩万谢，他很真诚地说了一句："你也会啊，就是太忙了！"；我们会高估给自己喜欢的同学投票的人数；我们会高估自己在群体中的威信和领导能力……

3. 视网膜效应的反证。我们意识到自己的某个特点，但对此不满意，于是认为所有人都有这个特点。比如从小到大，身边一直有个比我们优秀的小孩儿，不管到哪儿去他都跟着——就是邻居家的那谁谁谁。

自私的本能vs利他的本能

德国科学家的一项新研究显示，黑猩猩偶尔也会做出真正的利他行为，并不像人们原先认为的那么自私。

在野外生活时，黑猩猩有时候看上去很无私，例如它们会与同伴分享食物，但这类行为是有回报的，并不是对自己全无好处的纯粹利他行为。在此前的研究中，几乎没有证据显示黑猩猩具备真正的利他主义，甚至有实验表明黑猩猩对别人的利益并不在乎。

据美国《科学》杂志网站日前报道，德国马普学会的一个研究小组设计了一项实验，把第一只黑猩猩放在一个房间里，旁边的房间里放上水果，并让黑猩猩能看到水果，两个房间之间也有通道，但是上了锁。随后，第二只黑猩猩登场，它能看到以上全部情形，并可以打开连接两个房间通道的插销。如果通道打开，第一只黑猩猩就能拿到水果，但开锁的第二只黑猩猩却得不到任何好处。

在实验中，百分之八十的情形是第二只黑猩猩打开了锁，研究人员认为，这是真正利他行为的表现。这个结果意味着，利他主义也许并非人类的专利，有关论文发表在《公共科学图书馆·生物学》杂志上。

在另一项实验中，黑猩猩可以在两个杠杆中选择拉动一个，选择其

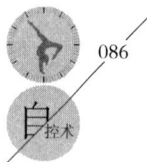

中一个时只有自己会得到食物，选择另一个则能使另一只黑猩猩也同样得到食物。结果，黑猩猩对杠杆的选择是随机的，似乎它们并不在乎其他黑猩猩的利益。

科学家猜测，前后两项实验之所以得出相反的结果，可能是当黑猩猩正在进食或有希望得到食物时，它们就考虑不到别的事情；而当自己没有希望获得食物时，黑猩猩会换一种方式思考，做出更多的利他行为。此外，在前一项实验中，被关起来的黑猩猩会砸门，传达出强烈的求助信号，这或许也是促使第二只黑猩猩愿意提供帮助的原因。

动物都是自私的，不管是社会性动物还是独行性动物。从进化角度讲，自私是人能够生存并把基因传递下去的前提，如果我们的"优势基因祖先"总是人品爆发，把为数不多的食物让给别人，把为数不多的配偶让给别人，那我们就不存在了。不自私是"劣势基因"，都被大自然淘汰掉了。每个社会性动物都想做族长，因为族长有更多食物、更多配偶，所以我们每个人都有对权力的欲望，会为了控制整个部落、整个周围环境而削尖了脑袋往上爬。

但归根结底，自私的冲动是不想劳动、只想分食物，这和社会行为相抵触。因此，有两种方法可以抵消自私行为：自控和利他主义。

社会性动物毕竟已经不再是低等动物，有了社群，就得有规则，以保证社群的良好运作。保证规则的，当然第一位就是规则的执行者——族长；其次是自控，社会性动物必须学会自控，不能仅靠对惩罚的畏惧来停止不对的行为，只有这样才能在群体中立足。比如：学会忍耐，让雄狮先吃食物，幼狮就不用总担心被咬死；还要学会隐忍，不抢狮王的老婆，在未成年时，忍受狮王的驱赶和攻击。

除了自控，社会性动物还要有通情心（Empathy，是指一个认识主体能与另一个认识主体用感同身受、设身处地的角度来体会和思考问题）。通过镜像自我，别人的痛苦会变成我们的痛苦，我们会伸出援手，因为我们期待在自己需要帮助的时候，别人也会帮助我们。自控和利他，在社会脑里共存，所以，当我们考虑别人的时候，自控力就会大大加强。这个结论也有生理学上的依据。

俄勒冈大学的科学家招募了十九名女生，让她们都去参加一项以慈善施舍为主题的经济活动，并用核磁共振成像仪对她们大脑的伏隔核（请翻看一下第一层自我，伏隔核会分泌多巴胺，掌控欲望和快感）进行观察。首先让她们各收到了一百美元的硬币，然后让她们去一家地方食品施舍机构捐赠，数额不定，并让她们知道不管剩下多少钱，她们都可以据为己有。同时，她们还拥有专门的电脑程序，以记录这些资金是如何被利用的。除了捐赠，有时电脑会随机从她们的资金中征税；或是会随机给她们和食品施舍机构的资金账号涨钱。

多数研究对象在自愿捐款时显示了温情效应——装伟大，但也有人对纯粹利他表现得极其兴奋。在纯粹利他的一组中，当食品捐赠机构收到钱时，或者自己的钱被征税捐献时，志愿者大脑的快感区就会亮起来，令人吃惊的是，她们看到钱在食品捐赠机构的账目下不断增长时，比看到她们自己资金增加的反应更加强烈。可见自私和利他，这两种截然相反的东西，都被大自然保存了下来，留在了人类的基因里。

我专门负责幺蛾子

第六章　反意志力

弗洛伊德说过，人性中同时有求生和求死的两种欲望。反意志力就是自我毁灭的力量，它不仅自毁，还要摧毁环境和世界。

道德优越感是人的错觉和本能需求

如果你读过希特勒的遗书，你会发现他把自己描绘成一个"好人"——受尽委屈、悲天悯人、匡扶正义、英雄末路、死得其所、荡气回肠、正气长存……反正，都是好词儿。所以我说，道德优越感是人的本能，人必须觉得自己很正义、很有道德，人不可能会认为自己是个坏人，人必须拥有充分的理由，维持自己的道德优越感。

如何做到呢？第一个心理策略叫作"选择性逻辑"。人会不断寻找原因，并挑选其中对道德有利的条款作为原因，选择性地忽略掉不利于道德的原因，来使自己的行为合理化，认为自己所做的一切都是对的。比如《美国恐怖故事》里一个连环杀手解释道："我爱她们，她们太纯洁了，而世界是肮脏的，我必须让她们在纯洁受到污染之前离开这个肮脏的世界。"

道德优越感是一种本能，所以希特勒会先做出行为，然后去找论据来解释为什么这个行为是对的。不单是希特勒，人性都是这样的。通过对大脑的脑电波记录，科学家发现：我们会先做出某行为的决定，然后才去找原因来解释这个行为；行为的脑电波，总是比原因分析的脑电波早到。

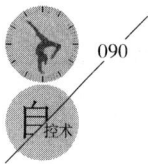

第二个心理策略叫作"象征性自虐"。坏人们认为自己做的某些事是错的，为了保持罪恶感和道德感之间的平衡，会严厉地惩罚自己，让自己在道德感方面有些盈余。比如，有这么一个连环杀手，每杀一个人就烧掉一幅画——一幅他画的白认为是世界珍品的画，一边烧一边心疼地掉眼泪，以达到自己内心的善恶平衡，最终得出一个错误的结论：自己是一个善良的人，一个品德高尚的人，一个正义的人，一个赏罚分明、十分公平的人。

道德优越感是一种错觉，自己对自己做善恶的衡量，不可能是客观的。对于这个杀手来说，他认为一条生命的价值等于甚至小于一幅画。想象力丰富的意识，总是为自己的善恶持一杆秤，但是这杆秤只能在他自己的判断标准里成立。

这些荒唐的逻辑和自控力有什么关系吗？有的，失控的人也像希特勒和连环杀手一样在维持自己的美德账户，而且逻辑也非常相似。

美德账户：
为什么圣地的犯罪率世界最高

如何充值和消费

梵蒂冈，世界天主教的中心，罗马教廷的所在地，堪称这个世界上最纯净的地方之一，但现在已经成了小偷们的天堂。

梵蒂冈每年要迎来数百万的旅游者，但这个国家只有五百二十七名以牧师为主的人口，因此从统计学上来说，梵蒂冈是世界上犯罪率最高的国家。梵蒂冈只有零点四四平方千米，虽说是国家，但实际面积比一个村子还小。首席检察官皮卡迪2012年年底向教皇提交了一份年度报告。报告上说，犯罪率正呈上升趋势，2012年教皇的刑事法庭处理了二百三十九起案件，创下了历史纪录。其中圣彼得大教堂和梵蒂冈博物馆是众所周知的抢包者和扒手集中的地方，也有一些侵吞财产以及暴力侵犯警察和梵蒂冈官员的案例。在复活节和圣诞节午夜的弥撒之后，清扫街道的人往往可以发现几十个被小偷拿走现金之后扔掉的钱包和提包。上一次在梵蒂冈发生的严重犯罪是1998年教皇保镖谋杀案，当时教皇的一名瑞士保镖谋杀了他的上司和上司的妻子后开枪自杀。

在宗教的核心地，犯罪率却是世界最高的，这很讽刺，也很正常。人们在维持着一个美德账户，用以维持内心的平衡。这个账户里的资金就是美德，可以用来购买堕落而不受惩罚。如果人已经身处上帝的荣光之下，账户里必然已经积攒了足够多的美德资金，所以消费一点儿也就没关系了。

日本的武士道精神，同样也有这个悖论。武士敬佛却嗜杀，杀一个人就必须去寺庙忏悔一阵子。这个逻辑表明：反正忏悔了就可以了，走出寺庙就可以杀人了，因为我已经忏悔过了。

这个美德账户里存储资金的目的，就是用来购买错误的行为，积攒的美德资金会批准人们做错事而没有负罪感。因此，坚持两小时不刷微博，两个小时后接着刷三个小时；戒烟一天后，抽烟量翻倍；节食一段时间后，奖励自己一大堆食物；已经坚持跑步一周了，就可以休息两周了；看中一件衣服，还价还了三百元，但比计划多花了五百元；看了一下自己的美德账户，一个声音就会响起来：恭喜恭喜，可以花一点儿了……于是，所有的目标都功亏一篑，而且反弹得厉害。

明天会做的美德补偿，也可以给美德账户充值。比如：想到明天自己会有多后悔，想到明天会做得非常好，或者下定决心"明天就改"，都能够给美德账号注入新的资金。于是现在就可以挥霍了。明天就戒烟、明天就减肥、明天就开始做计划、明天就开始锻炼……这些明天会做的美德补偿，都可以给美德账户充值，以抵消现在的负疚感。账户持有人也就会一边下定决心戒烟，一边抽得更厉害了。

在所有的美德行为补偿中，最奇特的要数先给美德账户充值再消费的了。比如，一个武士还不知道自己会杀几个人，就先去找法师做三场超度，积攒可以杀三个人的美德力量；一个小偷不知道自己会犯多大的错，就先去找神父赦免自己的罪，然后再去犯罪。某国内反伪斗士经常骂别人抄袭，结果最近被爆料说他也抄了很多东西，国内国外的无所不抄，而他每骂一次别人抄袭，自己就会抄得更多，这和小偷先去找牧师赦免罪后再去犯罪如出一辙；某些贪官总是先大骂贪腐，然后自己再去犯罪，仿佛只有骂过贪腐之后，才有足够的美德力量来抵消下次贪腐时的负罪感。

当委屈成为美德资本

惩罚和指责可以为美德账户充值。被老爸老妈指责"不好好读书，天天玩游戏"时，小学生的美德账户就有了盈余，可以不看书，可以玩更长时间的游戏了。有个微博段子是这样的："小明上幼儿园，老师对孩子们说：'在床上撒尿的话，第一次罚款三元，第二次五元，第三次十元。'只见小明大声问道：'老师，包月多少钱？有没有VIP年卡服务？'"惩罚和指责都可以为美德账户充值，只要有了惩罚和指责，就可以犯错了，不会有罪恶感，不会有账户欠费。

过去受的苦也可以为美德账户充值。我还记得一个贪官落马之后，人们发现，他出身贫寒、奋发图强，名牌大学毕业，没有背景，是一步一个脚印凭着自己对老百姓的功绩上位的。那么，到底为什么他堕落了？他的解释很简单：我小时候受过很多苦，总觉得亏欠了自己。

在所有的美德账户充值中，最经常用到的要数自责了。"备受煎熬"是个好词，一方面印证情绪是一种能量，另一方面可以使自己的美德账户不至于亏空。

把自己放在美德账户里衡量，账户一旦有盈余，就会用没有负疚感的堕落来补偿。不必引用核磁共振成像仪的实验，只需感觉自己的身体变化就知道了。当我们想到美德，以及对的、好的东西，"必须那样做""必须不那样做"的时候，我们的眼部肌肉和面部表情，都能够透露出我们多么不情愿。因此，有了美德积累，人总要做些错事才行，而像卖场的卫生纸和大米这样的日常用品，永远不会激发败家子的欲望，因为这些东西无论什么时候买，显然都是对的。

美德=痛苦=反意志力

弗洛伊德解释这个怪圈时说，人性中同时有求生和求死的两种欲望。反意志力就是自我毁灭的力量，它不仅自毁，还要摧毁环境和世界，将一切化成劫后灰烬，这似乎说，既然自己会毁灭，就拉着整个世界陪葬吧。

《圣经》的研究材料对反意志力是这样解释的：亚当和夏娃本来是天使，偷吃了禁果要被贬到地上，但是他们的灵魂太过轻灵，沉不下去。上帝苦思冥想，就给他们每人装了一个沉甸甸的反意志力，以便让亚当和夏娃的子孙明白，他们一辈子都要积累美德资本，不能有脾气，不能有反意志力，因为他们天生有罪，美德账户永远都不可能满，受多

自 _{控术}

少苦都填不满，所以就尽量受苦吧。想回到天堂吗？那只有靠积攒美德资金才能购买回天堂的车票。所以，虔诚信奉基督的原罪说的人，就没有反意志力，自控起来很方便。但是对于那些不信教的无神论者来说，陷入美德账户，又没有神来搭救，又该如何是好？

这就要说到底是什么激起了反意志力。弗洛伊德说：人们做任何事情，不是为了追求快乐，就是为了避开痛苦。自由意志（按自己的意愿，想做什么就做什么）是快乐的，不自由的美德（按美德标准，应该做什么就做什么）是痛苦的，所以凡是美德便会激起反意志力。公式如下：

自由意志=快乐

美德=不自由=痛苦=反意志力

我的几个同学，当时一起考心理学，都是因为自己喜欢，现在参加了工作，大部分却都仿佛失去了对心理学的兴趣，一提起来就头疼。这很怪，但很有逻辑：

∵ 给钱=对美德的奖赏，

∴ 心理学=美德，

∴ 心理学=美德=痛苦=反意志力。

有了这个美德账户的人，都会给自己强加一些美德，也就是那些"应当""必须""有责任"做的事情。美德就是禁欲，禁欲就是痛苦，痛苦就违反快乐原则，所以就永远不可能实现。所以，归根结底，错就错在有了这个美德账号。一旦陷进美德账号，我们认为它是好的，就会激起反意志力，让所有的努力统统归零。

但是，吸烟、锻炼、酗酒、拖延、发火和这些美德有什么必然关系，使我们不得不把它们纳入美德账户？它们是"正确的""应该做的""必须做的""对我们有好处的"美德和痛苦吗？不是！这些所谓"正确的""应该做的""必须做的""对我们有好处的"统统都是我们自己强加在吸烟、拖延、情绪失控上的标签，而它们实际上和美德一点儿关系都没有。这些标签还包括"克制""毅力""坚持""忍耐""努力""必须""应该""有责任""一定不能""绝对不可以"等。

谁被谁蒙住了眼睛

1959年的一个实验证明了我们是怎么对自己撒谎的。在回顾这项实验前，要问自己这个问题：情绪脑和理智，谁是老板，谁是被蒙住眼睛的奴隶？因为这个故事里面全都是烟幕弹，所以你不要读得太快，否则很容易被弄晕。

斯坦福大学的弗斯汀格（Festinger）和卡尔史密斯（Carlsmith）教授招募了一批大学生，并告诉他们，这个实验是课程的一部分，需要两个小时，计两个学分。

当A同学和B同学进入实验室后，教授的助手告诉他们这个实验的真实目的：关于预期愉悦度和实际体验愉悦度之间的关系。同时，助手还告之了两人有关实验的规则：A先做一小时，然后离开；B接着做一个小时。A和B的区别还在于，A在实验开始前不知道实验的测试结果，B应该在做之前就被告知实验的结果。

然后A进入实验室，B在另一间屋子里等着。A同学开始干活儿，很快就发现这活儿很无聊。实验助手叫他做这个做那个，比如把线轴收拾起来，归置到到一个箱子里；把一摞撒在地上的纸屑一张张捡起来并叠好；把一堆零散的钉子整齐地摆放在一块木板旁边……这可是工地上的

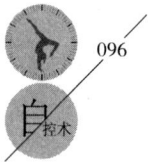

小工们干的活儿，大学生做起来确实非常枯燥、乏味，还很累人。

一个小时过去了，助手对A表示了感谢，同时告诉A说，很多其他的参与者都发现这些杂活儿非常有趣。A带着一脸迷茫与不解向外走去。突然，实验助手错愕地大叫一声，一脸尴尬地告诉A说，你现在还不能走，B在等着进来做实验，但是负责告诉B实验结果——这活儿很愉悦——的C不知道为什么没来，希望你能够接替C的工作。如果你同意的话，不但会有一美元的奖金，还有学分奖励。A同意了。

看在奖励的份儿上，A很违心地告诉B，B将要做的活儿非常有意思。

在B进去实验之后，助手和A进行了交流，因为做过此实验的其他人都觉得很有意思，所以希望A也同样这么想。

又过了一个小时，B的实验也做完了。助手给了B二十美元的报酬，并要求他去找A交流一下实验内容及感想，且一定要告诉A说："正因为这些活儿这么无聊，所以才值二十美元啊！"想到自己干了同样的一个小时，结果只得到一美元的A会有什么样的反应呢？

结果，所有参与实验的A都会坚定地说："不，那些活儿根本不无聊，而且很有意思啊！你再好好想想，是不是挺有意思的？"

虽然A一开始认为那些工作很无聊，但因为听说所有参与这项实验的人都觉得很有趣，且还能得到奖励，所以告诉了B违背自己良心的话。为了平衡负罪感，A决定让自己真心觉得这些工作是很有意思的；而当被告之B得了二十美元、自己却只得到一美元的报酬时，他就觉得这种负罪感是不应该存在的——因为与B相比，自己所得的利益不过是B的二十分之一而已。所以，A就必须证明自己的美德，并证伪B的感觉：活儿不累，所以赚一美元才正常。

为了支持自己的结论，人们会对同样的事情有完全不同的解读。

当决定和结论已经出现的时候，我们就会故意忘记和自己的结论相矛盾的观点，而展示所有支持自己结论的观点，并迅速地调整自己的价值体系，使自己的行为合法。

这个实验有多方面的启示：

1. 世界上充满了各种巧妙的骗术，甚至我们还会自我欺骗——为了使自己看起来没有在美德方面有所缺损，我们什么事情都干得出来。

2. 我们总是先做出一个判断，然后找理由去支撑自己的判断，不惜扭曲自己的价值体系和真实感受。

你有没有对自己不诚实过？

其实，美德是自己对自己撒的谎，是给自己设的局。

美德两方对弈的时候，玩的是一个"零和游戏"。在大多数情况下，一个赢，一个输，如果一方胜算一分，一方输算负一分，那么，美德账户还是可以平衡的。但是，当局者迷。在自控方面，因为你既是这个游戏的参与者，又是裁判，规则由你制定，所以并不公平。

如果陷入自己给自己设定的道德怪圈，你就再也出不来了，在这个美德账户里和自己讨价还价，就像在和一个盲人比色彩识别度。所以，要有自控，就必须注销这个美德账户，别动不动就拿好坏对错来评价自己的行为。

如何注销这个道德账户？倒过来看！

正着看：薪水增加了，每小时工作所得的工资增加了，人们就更愿意加班了。

倒着看：薪水增加了，每小时因休息而损失的工资减少了，人们就更愿意加班了。

正着看：一部高档手机，百分之七十的功能都是没用的；一款高档

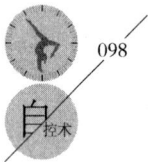

轿车，百分之七十的速度都是多余的；一堆工作人员，百分之七十是不专心干活儿的；一座商城里百分之七十的顾客都是来闲逛的；一大堆会议，百分之七十是和自己无关的……

倒着看：Iphonc要是没有那些功能，你还会买它吗？高档轿车这多出来的百分之七十的速度，是安全感，一辈子这么长，什么事儿遇不到，遇到一件急事儿，那备用的百分之七十就能救急，使你有了可掌控感和安全感；如果你是公司里剩余的、努力干活的百分之三十中的一员，那么恭喜你，坚持下去你一定会干出成绩！商场里那些闲逛的人，也许下一次就成了消费群体……

只看到事情的一方面，就会有美德账户，就永远无法实现自控。所以，要倒过来看！

胖子比瘦子的幸福指数高，而且比绝对节食者的自愈能力强；购物狂一般身体比较健康，而且绝对比"人死了钱没花了"的葛朗台要幸福得多；爱抽烟的人很少便秘；爱发火的人活得痛快，能交到的朋友都非常贴心……

骨瘦如柴衣服省面料，而且最起码比胖子花的饭费少；葛朗台们一般对生活有掌控感，最起码比死后还欠一屁股债的人强得多；不抽烟的人精力更旺盛；情绪稳定的人能取悦别人，让人愿意亲近……

于是，所有的改变，都只是一种生活的选择，和好坏、美德、对错等道德标准一点儿关系也没有。

让美德账户闭嘴

有了美德账户，反意志力就出现了，一切都出了乱子。只要我们觉得那是错、坏的，就会乐此不疲；只是我们觉得那事儿是对的、好的、符合美德标准的，就会永远做不到。

只要让这个美德账户开着，用对和错来评判自己的行为，就永远掌控不了生活。所以，必须让这个美德账户闭嘴。如何做到呢？把所有这些和美德、好坏、对错相关的思想全部扔进垃圾桶。你上瘾的，很可能是别人觉得无聊的；你拖着不做的，很可能是别人愿意花钱去做的。如何向得厌食症的孩子解释，"吃东西"是"必须"改掉的"恶习"呢？如何逼迫邋遢者养成"洁癖"的"好习惯"？"吝啬强迫症"好，还是"败家"好？苹果是好东西，"每天一苹果，医生不上门"，但是糖尿病患者会用吃苹果来惩罚自己，因为对他们来说，吃苹果就是加速死亡。

每个事物都有好坏两面，就像一块硬币的两面。看不清另一面，就不可能掌控它。实际上，我们身上的任何一种行为、情绪、习惯都有它自己存在的理由，不好也不坏。就拿吸烟来说，大部分人掌控不了吸烟的原因，正是因为他们觉得吸烟有害健康。但是听我说，我认为，所有吸烟的人，都是健康的人。为什么？

以前喜欢看武侠小说，据说高手们练习轻功，要从小就在腿上负重，绑上铁条或沙袋，苦练经年后卸下来，就能健步如飞，蹿房越脊如履平地了。现在各种体育店里还有这种东西在卖，叫作"负重铁条沙袋"，练习时带着，比赛时摘下来，一下就变了一个人似的。吸烟的习惯，就像身上绑着的铁条沙袋，如果一个人绑着铁条都能生活得很好，这就说明他的健康状况超乎常人，只不过他身上绑着铁条。

那么，吸烟是"好的"还是"坏的"呢？其实没有什么好坏。当你真正了解到，戒烟根本不是美德，吸烟根本不是恶习之后，现在是否对烟草有了些掌控力呢？一个吸烟的人，就像一个轻功高手，他是继续绑着沙袋练习，还是现在就摘下沙袋，那其实都无所谓吧？至于放在道德

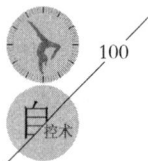

账户里衡量出个好坏来吗?!

同理，肥胖与社会美感不符，但脂肪可以让身体放松，能量的充足储备让身体充满了满足感，所以一般胖子都很快乐。另外，厌食症患者会骨瘦如柴、精神恍惚，甚至饿死。

同理，你可能不喜欢自己的购物狂行为，导致经济上没有安全感，但当你不再是个购物狂之后，身心将不能再这么放松，生活将失去很多乐趣。同时还有很多吝啬鬼，完全压制自己的各种消费欲望，天天节衣缩食，剥夺了生活的乐趣，就像葛朗台一样成了守财奴。

同理，有一个女性休完产假回到公司，见到同事就抱怨："我家儿子晚上老是踢被子。弄得我一宿都睡不好。"过了几天，她又和同事抱怨："我们家儿子病了，晚上连被子都不踢了。"同事抓狂："你到底想让他踢被子还是不让他踢被子！"

…… ……

接着说吸烟。其实反对和支持的理由都有很多。

反：吸烟者平均寿命少十年至十七点九年，每支烟减少十点七分钟的寿命。

正：众多吸烟的伟人都活到八九十岁。

反：吸烟降低精子质量，影响男子性功能和胎儿的健康。

正：尼古丁可预防老年痴呆和帕金森症，可抗抑郁。

反：尼古丁有害健康。

正：尼古丁不仅存在于烟叶中，还存在于多种茄科植物的果实之中，如番茄、枸杞子。

反：吸烟会引起呕吐及恶心。

正：吸烟能转移注意力，降低压力。

反：吸烟导致胃口下降。

正：尼古丁是润肠剂，减少便秘，降低溃疡性结肠炎的风险。

反：尼古丁增加心脏速度和升高血压。

正：尼古丁是镇静剂、止痛剂、兴奋剂，有助提神。

反：二十支香烟中的尼古丁可毒死一头牛，对人的致死量是五十毫克至七十毫克，相当于四十支至六十支香烟的尼古丁的含量。把三支香烟所含的尼古丁注入人的静脉内，三分钟至五分钟即可致人死亡。

正：每天吸六十支以上的人很多，没有被毒死；吸烟者体内一般没有寄生虫。

读完这段，你觉得烟草是好东西还是坏东西呢？当你了解吸烟不是个坏事儿的时候，你才能掌控它，至于是否开始吸烟，去获得吸烟的好处，还是放下香烟，去获得无烟的好处，由你自己决定，反正反意志力已经被砍掉了。

因此，要戒烟，必须得认清吸烟的好处；要养成锻炼的习惯，就要认清锻炼带来的恶果；要想不再拖延，就要知道拖延其实有很多益处；要现在就睡着，就要知道现在就睡着我们会失去什么……

三类人无须警惕反意志力

前面提到过，通过紧盯硬币的另一面，可以让反意志力安静下来，以下三种人也无须警惕反意志力：

第一类人是虔诚的信徒。在上帝面前跪下来时，不会再有自我，跟自己、跟世界较劲儿的反意志力会消失；有些非信徒如果跪着思考问题，有时候也会起到相同的作用。

第二类人是被催眠者。被催眠后，他们完全放弃了自我，反意志力

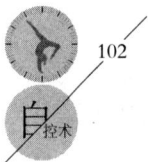

自然也就放弃了。

第三类是自恋的人。他们一开始的账户就不是美德账户（积攒善行，以购买等量无负罪感的恶行），而是评价账户（积攒社会负面评价，购买等量无负罪感的自我良好评价）。一般强度的自尊、自爱，不会具有这么大的能量，想要抵御外来的风霜刀剑，必须相当自恋才行。

意志力 ≠ 自控力：
方向错了，即使奔跑也没用

意志力=抑制力

哥伦比亚大学的沃尔特·米歇尔（Walter Mischel），在二十世纪六十年代对自控力做的"棉花糖试验"一直被广为转载。米歇尔召集了数百名四岁的孩子，把每个人放在一个单独的房间里，桌上放着一个棉花糖。他告诉他们他会离开十五分钟，其间，只要摁一个铃就可以吃桌子上的棉花糖了。但是，如果能等他回来，就可以得到两个棉花糖。不同的孩子有不同的反应：有些孩子三分钟不到就摁了铃吃掉了棉花糖，有些则干脆不摁铃就直接吃掉了糖，还有些则是等教授回来拿到了两个棉花糖。

通过以上试验，也许你会感叹最后一类孩子真有意志力啊！不，这跟意志力根本没有关系，小孩子的自控力是最弱的，如果动用意志力，就又陷入美德账户的怪圈了，把反意志力激活，还能抵抗得住诱惑？

那么他们是怎么做到的呢？他们有的用头发挡住了眼睛不去看棉花糖，有的摆弄鞋带来分散注意力，有的敲桌子、摆弄头发、唱歌……所以这不是个意志力问题，而是个转移注意力的问题。他们长大后情绪更稳定、有更大的成就、有更幸福的生活，不是因为他们的意志力，而是因为他们转移注意力的策略。分散注意力，即注意力不能集中，跟通常意义上的"意志力"一样，同为自控策略的一种。

但真的没有意志力这种东西吗？有的。我们来看看大脑的哪部分储存着被神化的意志力。如果把大脑分为内、中、外三层，中层有一个专门的部分，叫作前扣带皮层，负责冲突监控和错误检测。比如你看书正入神，拿起桌子上的橡皮就往嘴里塞，还以为是食物，尝到味道不对时，这个系统就被激活了，它检测到有个错误，记忆系统和味觉系统相冲突了。

晕车也是这个系统监控的。坐在车里，眼睛觉得自己没动，但是身体觉得自己动了，这个系统协调不过来，于是就得出个结论：你病了。晕车的人就会呕吐。

它还会检测你想做的事情、正在做的事情和应该做的事情之间的差异，监控和检测其中的不协调。比如憋着小便的时候，它检测到：你想小便，应当上厕所但没有上厕所。这个冲突就会让它十分不爽。

实际上，忍耐力、美德、道德、约束、规则、义务等，只要是外来的强制性的力量，就会和它检测到的你真正想干什么不同，都会让它觉得很不爽。这个地方，就是我们通常所说的"意志力"的仓库。通常意义上的"意志力"，实际上就是这个系统的协调能力，它协调意愿和让意愿不能达成的力量。这部分的能量很有限，如果总是出现冲突和不协调，能量很快就会被耗光。如果这个错误检测系统和冲突监控系统比较

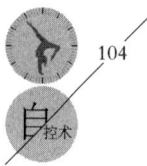

孱弱，或者能量耗光、累坏了，人就会失控。

比如某些戒烟的人，特指那些把戒烟放在美德账户里衡量的人，这个系统就会一直亮着。它检测到你觉得吸烟很好（杏仁体已经检测到身体的不舒服，并告诉它了），还检测到有一股力量在告诉你吸烟不好，这两股力量势均力敌，它就慌了，不知道该怎么办。

实际上，这时的前扣带皮层的反应，就像你吃到那块橡皮或晕车时候的反应一样，它手足无措，开始消耗自己的能量。它的能量储备其实很少，所以消耗得很快。如果这个冲突固执地继续，而它又没有能量了，那会如何呢？这时，它就会从大脑的其他部分剥夺能量，比如剥夺大脑皮层的逻辑思维能力的能量，于是，人的智商开始下降；剥夺前额皮层的预见未来能力的能量，于是，控制行为的能力开始下降；剥夺下丘脑调节情绪能力的能量，于是，控制情绪的能力开始下降，人开始不冷静、不淡定，笑点急剧下降，一个冷笑话就爆笑不止，悲伤来得更加尖锐，一个带着淡淡忧伤的句子就会让人泪流满面……甚至开始剥夺身体的能量，比如免疫系统用来对付病菌的能量，于是，人更容易生病；剥夺五官用来感受外界信息的能量，于是，人觉得听力和视力有点儿下降；剥夺肠胃用来消化食物的能量，于是，人容易便秘……

所以说，戒除瘾症或者形成任何新的习惯，都不能跟自己较劲儿，一激起反意志状态，前扣带皮层很快就会疲劳，反意志状态持续下去，就会让整个身体系统崩溃。唯一能够成功的做法，就是别跟自己较劲儿，别让前扣带皮层太辛苦，而想让前扣带皮层不辛苦，首先要放下道德账户。

让"意志力"组织充血

前扣带皮层的能量很少，不过也可以增强。什么东西都是用进废退（生物体的器官经常使用就会变得发达，不经常使用就会逐渐退化）的，正如肌肉可以通过进行有节奏的充血、休息、锻炼得以提高，前扣带皮层的组织，也可以通过用进废退的方式得以锻炼和提高。以下是我推荐的几种方式：第一，延迟满足。如果你的身体发痒，那就忍着别去抓，这样就可以量化意志力的能量了，能忍十分钟还是二十分钟，随着练习的加量，这部分大脑的能量也会不断增加；第二，做斯特鲁普游戏。斯特鲁普效应（Stroop effect）是这样的，一张纸上，用黑颜色的笔写着"黄"字，黄颜色的笔写着"蓝"字，蓝颜色的笔写着"绿"字……然后让人说出字的颜色，而不是念字的读音。这个游戏利用的是视觉中枢和语言中枢之间的冲突，可以锻炼前扣带皮层的错误协调能力；第三，换只优势手。大部分人是右撇子，少部分人是左撇子。右撇子可以尝试用左手吃饭、开门、刷牙等，左撇子就尝试用右手，这样也能增强这部分大脑的力量和韧度；第四，看诙谐段子，学诙谐段子。这里说的诙谐，可不是那种粗俗下流或引人爆笑的话，而是包含着智慧，专门把语言里的逻辑错误（挑动前扣带皮层的错误检测机制）暴露出来的幽默，这样的幽默一般很冷，在英语里有一个专门的词"wit"，以王尔德为代表的英国人就最为懂得诙谐的妙处：

> 不够真诚是危险的，太真诚则绝对是致命的。
> A little sincerity is a dangerous thing, and a great deal of it is absolutely fatal.
> 永远要宽恕你的敌人，没有什么比这更能让他们心烦的了。
> Always forgive your enemies. Nothing annoys them so much.

晚上，福尔摩斯和华生在外宿营，在美丽的星空下他们支好

自控术

了帐篷。半夜，福尔摩斯把华生推醒，问他："看天上的星星，告诉我你看到了什么？"华生半梦半醒道："成千上万的星星。"福尔摩斯又问："那你的推理是什么？"华生答："嗯，成千上万的星星中，很可能存在着与地球一样的星球，说不定那儿也存在着生命。"福尔摩斯大叫："笨蛋，这说明我们的帐篷被偷了！"

还有几种非常极端的方式可以让前扣带皮层的密度大大提高，所耗能量可以自给自足，永不断绝。不是不建议去这么做，只是这都很痛苦，或者需要有机会才能经历这样的痛苦。

前扣带皮层的功能是监控冲突、检测矛盾。当我们把它比作一个皮袋子，可以看到，它承载的能力，就是自己跟自己较劲儿的能力，就是让自己受委屈的能力，就是对自己狠不狠的能力。如果有一个强大的经历，曾经把它撑到极限，但又没撑破（撑破了人就会发疯，会人格分裂），那么它能够承载的委屈和对自己的狠劲儿就能飞跃。戒烟成功的人都可堪大用，因为通过戒烟的过程，他的这个口袋已经被撑大了。周立波讲过一个段子："周奶奶一边抽烟一边说：'波波呀，以后千万不要跟能戒烟的人玩，那样的人什么事都干得出来！'"

但如何撑大这个皮袋子呢？

1. 伟大的胸怀都是委屈撑大的。

人经历过的最大委屈，就是自己耐力的极限。被撑大了的前额皮层，能够容忍任何其他较小的挑战、委屈和威胁。

2. 大难不死，必有后福。

人总会死亡，前扣带皮层比我们的意识懂这个道理。它知道我们可以避开危险，但是永远逃不开宿命，于是随时在检测可能会导致死亡的不协调信号，这是它能发出的最强声的警告。而且，平常它发出的所有的警告，都会在死亡的刻度上做一个比较，提醒我们人不是永生的。比如电视里的死亡报道，大概等于百分之一的死亡；电影里的死亡，大概等于百分之二的死亡；吸烟引起的身体不适，大概等于百分之十的死亡；爱吃的人不能吃东西，大概等于百分之二十的死亡；毒瘾发作，大概等于百分之八十的死亡……

如果能经历百分之百的死亡，结果没死成，比如出车祸大难不死，大病一场不死，这个皮袋子就被撑大到了极致，再也不会对一般的威胁，比如吸烟的百分之十的死亡威胁大惊小怪了。

间谍一般都是这么训练的，屡次被推向死亡的边缘，就能让他们的前扣带皮层对其他威胁不闻不问；日本人做得更绝，武士和忍者，都被锻炼到可以从容地剖腹。

要合理应对死亡的威胁而不崩溃，一般都需要有宗教的支撑，因此，大难不死也没有精神崩溃的人，往往会转向信仰宗教。西方有基督教传统，日本人有武士道精神，传统的中国人相信死后会进祠堂，所以也能应付。

现在，来讲一讲如何突破身体的安乐区。人的身体其实有很大的潜能，只不过大脑的这个部分不允许我们追求极限，任何有关死亡的威胁出现时，它都会让身体不舒服，不管身体是不是真的不舒服。

催眠有深有浅，深度催眠可以让前扣带皮层暂时安睡。如果你看过催眠表演，就会知道人的身体其实很有潜能，比如让一个人的脑袋枕在一把椅子上，脚搭在另一把椅子上，他的身体中间部位可以悬空，悬空部位站几个人也不会塌下去。人的肌肉本身就有这么大的能量，根本不需要情绪脑的干预。

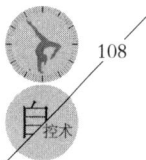

但是如果前扣带皮层醒着，我们的身体就会不舒服。比如长跑的时候，疲劳感和不适感会一波一波地冲击我们的身体。第一波疲劳感发生在二十分钟至三十分钟后，感觉肌肉再也动不了了，这实际是身体的糖原都消耗光了，开始调用脂肪的能量。这时，前扣带皮层意识到了威胁。脂肪对于人体来说，就是已经储存起来的能量，这就像已经存成死期的存折，当手头现金和活期的存款都用光了，必须调用死期存款了，前扣带皮层就开始计算，我们什么时候会耗光能量，什么时候会死，这是第一波疲惫感。但通过对此时肌肉的检测，它很健康，能量很充足，充满蓬勃朝气。所以，第一次想放弃的时候，只是大脑的反应，身体远远没有达到生理极限。

短跑和身体强壮有关系，而跑马拉松的人，和身体强壮、体力却没有关系，只是一个前扣带皮层暂时休眠，不再向身体发放干扰信号，不产生痛苦和恐惧。

不要随便惹前扣带皮层

> 当一个吃货说她要减肥的时候，千万不要相信，因为说这句话时，她刚吃饱。
>
> ——微博段子

理性是没有力量的，就像皇帝不一定啥活儿都会干一样。刘邦打败了项羽，总结其原因时说："运筹帷幄，决胜千里，我不及张良；定国安邦，运粮食，筹军饷，我不如萧何；排兵布阵，攻城略地，我不及韩信。"其实这三个人当中的任何一个造反，都会逼得刘邦走投无路，但刘邦的成功秘诀是他知道怎么管理这三个人。

理性类似刘邦，它能做出的最理智的选择，就是不逼着反意志力造反，因为反意志力一旦被激活，所有的努力就会瞬间瓦解。无论你决心做什么，它都会变成残酷的挑战。所以没有下定决心，就不要随便去招惹反意志力。

下定决心，是一个很扯淡的东西。"下决心"本身是不需要能量的，因为下决心不怎么费劲儿，不怎么耗神；"决心"也是没有能量的，一旦情绪来了，下十个八个决心也没有问题。但决心只有一个结果，就是激发休眠的反意志力，这就像拿一根棍子去捅睡着的老虎一样，你不碰它还好，一碰它，它肯定就火了。而且，经常下决心还根本履行不了，人就没了价值感，会失去自尊，从内心深处否定自己，产生众多恐惧症，比如健康恐惧症、成功恐惧症、睡眠恐惧症等等。

毛主席怕打针，所以生病了绝对不逼迫自己打针，只吃药；奥巴马吸烟很厉害，要思考问题的时候就不会禁烟；奥普拉身体肥胖，节食很多年都不管用，尤其是工作繁忙的时候吃得更多……他们都留着前扣带皮层的能量去干正经事儿了，才不肯浪费精力在这些鸡毛蒜皮的小事儿上。

天庭饱满真的是福相

第七章

前额叶

问：如果你买彩票中了五百万的话，第一时间会做什么？答：晕过去。前额叶这个掌控成功的器官，如果它孱弱的话，就失去了迎接突如其来的成功的准备；要是它强大的话，财富和成功就会追着你跑，赶都赶不走。

给阿姆斯特朗相个面：

哇，这绝对不只是猩猩！

有一天，妈妈正要开饭，外面却忽然下起了大雨。穿着新衣服的小阿姆斯特朗突然站起来，跑到外面疯玩，在雨地里打滚、嬉闹，新衣服上沾满了泥巴。他边跳边开心地对妈妈说："妈妈，我要跳到月球上去。"

妈妈说："好啊，只是你别忘了从月球上跳回来，回家吃晚饭！"

当阿姆斯特朗从月球返回地球的那一刻，记者问他："此时此刻你最想说的话是什么？"

阿姆斯特朗似乎想起了当年那个调皮的自己，回答说："我想对妈妈说：'我从月球上回来了，我想回家吃晚饭！'"

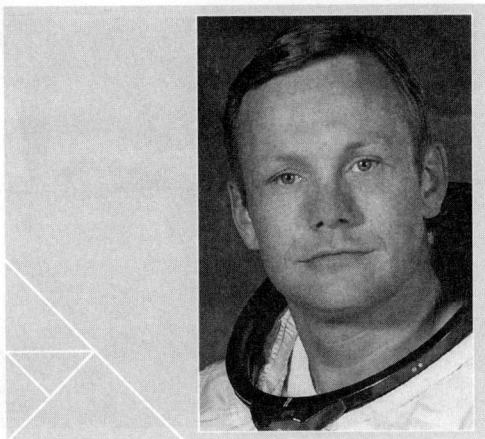

自控术

　　额头在相学里是神灯所在，相学认为人的运势好坏主要是看额头，因为它镇天庭、天中、司空等部位，藏着聪明、智慧、运气。大而发光的额头被称为帝王额、贵寿额、营生额，小额头就不好了。当然，一个人的智慧、能力、成功，由很多个因素决定，额头只能算其中的一个因素吧。

　　额头后面紧贴的一层大脑，叫作前额叶，又叫前额皮层，是人类自直立行走后才进化出的大脑组织。这部分是掌管逻辑思考、语言文字系统的大脑皮层，使人类与动物区别开来，它掌管着我们的过去、现在和未来，以及意识和理智。

　　虽然我们不能说阿姆斯特朗在活蹦乱跳的孩童时期就预见了自己能登上月球的未来，不过，你看阿姆斯特朗的脑门儿，还真和相学说的差不多，额头比例较宽，真可谓是天庭饱满。

　　而从人和猩猩的脸部拼接图片中，你又发现了什么？人的头和猩猩头部的主要区别在哪儿？猩猩的额头比较小，人的额头比较大。猩猩只能看到二十分钟的未来，吃饱了就会把食物当玩具乱扔；而人，从理论

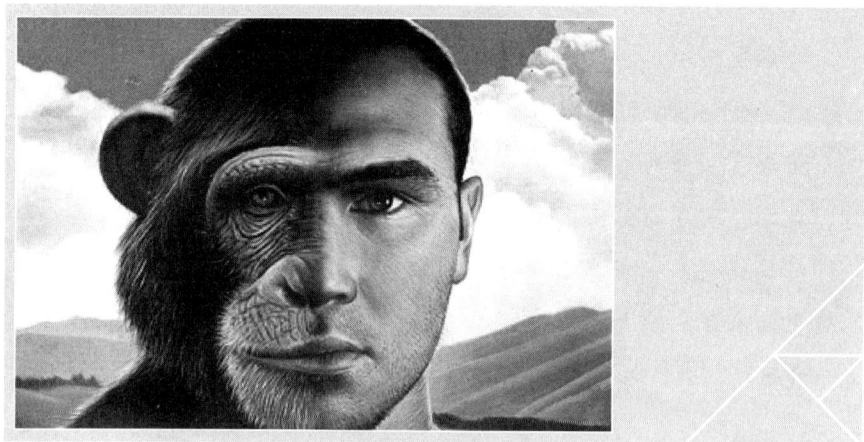

上讲，可以看到几十年后的未来。

前额皮质和其他部分的大脑组织相比，有先天的劣势，因为我们进化成为人的时间有一百五十万年至三百万年（从早期猿人开始），但作为灵长类动物却有五千多万年，这就是我们总是失控的原因。曾经有种说法，"人的一半是野兽，一半是天使"，要按历史年份的比例计算，我们可以把它改成"人的百分之九十五是动物，百分之五是天使"。每当身体能量和心智能量不足的时候，能量最先被挪用的就是这部分，去应对那些和动物性本能有关的器官和组织，从而丧失理智和意识。

前额皮层不仅掌控未来，还掌控现在。如果说社会性动物都有镜像自我，社会脑可以标明人在空间轴上的位置，因此，只有人才能够感受时间的流逝，才能够感觉到自己在时间轴上的位置。如果动物都是3D的话，人类则可以自豪地大喊一声："我是4D的！"

所以，失控的人，就是动物的人，导致失控的第一要素，就是没了时间感。被搁浅在了时间的碎片里，就不能再掌控任何事情，只能漫无目的地到处跌撞，没有方向，找不到自我和归属。时间消失了，作为"人"的自我也就消失了。

未来会缩水：
人人都有点儿分裂

松鼠在为一生储存松果，熊会为冬天的到来储存脂肪，狼会为未来三天储存食物，宠物狗却从不准备东西。你为多久的未来进行了多少的储备？

自控术

还是弗洛伊德那句话：人们做任何事情，不是为了追求快乐，就是为了避开痛苦。那么，未来的自己会受苦吗？会快乐吗？答案是，不会。未来的自己不会有痛苦和快乐。

为什么？我们区分自己是不是在做梦，可以掐自己一下试试。疼吗？疼就是现实，不疼就是做梦。同理，你可以掐一下未来的自己，看是否会疼，答案是：不会。

未来的自己并不真实，很抽象。就像做梦的时候，图像都是黑白的一样，未来也不是彩色的。所以，未来的自己不是自己，未来的奖励不值得高兴，未来的惩罚也不怎么痛苦。于是，人们会放弃未来的幸福，不顾未来的惩罚，只追求现在的快乐和躲避现在的惩罚。

未来的自己，还像镜子里的自己，说他是我们，他就是我们，说不是，他也不是。不信？你盯着镜子里那张脸，多盯一会儿，会不会发现它越来越模糊，越来越不像自己，像一个亲戚？一个朋友？或一个陌生人？考虑未来的自己的时候，我们也会像对待镜子里的影子一样。

你可以做几个实验，先做个奖励性实验。

实验一

A：我要现在给你一千元。

B：我要明天给你一千元。

实验二

A：我要现在给你一千元。

　　B：我要明天给你一千零五十元。

　　实验一你会选A，但是实验二你选哪个？我在和客户做这个实验时，大部分人都选择A。他们选择较少的、但是现在就能给的选项。

　　再做个惩罚性实验。

　　实验一：
　　A：罚你从今天开始连续扫地五天。
　　B：罚你从明天开始连续扫地五天。

　　实验二：
　　A：罚你从今天开始连续扫地五天。
　　B：罚你从明天开始连续扫地六天。

　　实验一你会选A，但是实验二，大部分人也都选A。

　　这说明未来的奖励会缩水，未来的惩罚也会缩水，未来不值钱，现在才值钱。明天的一千零五十元小于今天的一千元，明天的六小于今天的五。

　　还有个幽默提供了另外一个换算比例。问："希望值多少钱？"答："两元。"问："为什么？"答："两元可以买张彩票，有希望中五百万元。"未来的五百万元等于现在的两元。

自控术

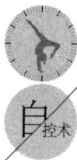

　　未来的自己是别人。我们可能会去关心一个陌生人的生活，但是不能和自己的需求相冲突。假设未来的自己忍受惩罚的能力比我们强，享受成果的需求很小，我们可能就会虐待他、剥削他，我们不想做的事情，都交给他去做；我们不想要的惩罚，都可以交给他去承担；而我们自己则可以优哉地休息；我们可以说谎、发火、酒驾、犯罪、贪污，至于后果嘛，可以留给他。反正，为了享受快感，冒生命危险的事儿就交给他。

　　未来的自己是超人，他很能干。他可以做任何今天我们做不到的事情。他会有很多的时间，有很多的精力，漂亮地完成所有困难的事儿。我们干不了的或不愿干的事儿，他都能干。他还不会觉得困倦和疲劳，效率很高，今天一个小时都做不完的工作，可能他半个小时就做完了。

　　未来的自己是圣人，自控力非常完备。明天我们会全力以赴去做任何事情，会去锻炼，会去弥补今天做的错事。我们能够克服今天的弱点，承受住巨大的压力，绝对不会拖延、不会有情绪、永远保持冷静。

　　为什么未来的自己和现在脱节了？因为未来的自己不真实，太抽象。我们可以看一个黑帮老大是怎么胁迫一个有点儿犹豫的官员做帮凶的吧。

　　"做成了，给你五百万。不行？没关系，请您先看看这一摞钱。还不行？请您摸一摸这厚实的手感。还不行？请您抱在怀里，想象一下：这就是你的了。你能用它做成多少事情啊，可以买两套房子，你家人会多么高兴，多为你感到骄傲啊！"

　　这几招用完，基本上被诱惑者就崩溃了。看、摸、抱、想象未来的快乐、想象家人未来的快乐，这几步，把还未到手的那抽象的五百万元弄得更加真实了，似乎近在咫尺的不仅仅是五百万现金，还有自己和家人的喜悦。

这不是个别存在的人性弱点，而是有着生理学基础的普遍现象。当我们想象现在的自己时，大脑的波动和想象自己的配偶、父母时非常类似，但是想象未来的自己时，就像在看一个陌生人。脑电波的情况是如此，眼神、面部肌肉和身体的肢体语言也都是如此。我们不知道未来的自己的感觉，也不在乎他的情绪和欲望。想象他吃东西，就像看一个陌生人在吃东西一样，还不如看一个真正的陌生人吃东西时分泌的唾液多。

松鼠的眼光很远，它们会储存坚果，因为坚果好几年都不会坏，所以松鼠一般不会挨饿；熊看不了那么远，但是它们会积攒脂肪对抗整个冬天；狼看得更近了，它们会忍着饿肚子暂时储存一些肉，因为在野外生存，三四天能吃一顿饱饭就不错了，所以吃个半饱就埋起一点儿来，免得这次撑死，过两天饿死；大猩猩只能看到二十分钟以内的未来，所以它们不会储存食物，吃饱了就乱扔食物玩儿；狗更是一点儿前瞻性都没有……

据我理解，如果看得长远，就能做出符合这一大段时间的最大利益的事情，看得越远越好。

当我们尽量让未来的自己等于现在的自己时，就成功了。但是怎么才能看得远呢？

人人都是先知：你看到的，都能实现

前额皮质是额头覆盖的那层大脑，又可以细分成三部分：左半边、右半边和眉心周边的一小块。右半边掌控着最近的未来，以分钟和小时为计量单位，左半边控制着以天和周为计量单位的未来，眉心是控制长远目标的，以年、月作为计量单位。

自己在多大程度上和未来的自己是同一个人，主要就看是以哪个单位计时了，五秒钟后、五分钟后、五个小时后、五天后、五个月后、五年后、五十年后？现在的自己和未来的自己就算不重合，也不要偏离得太远才好。

怎么做到呢？有句话是：叫我们起床的不是闹钟，而是梦想。**梦想和幻想的区别，就在于唤醒情绪，情绪会让体验变得真实；唤醒了情绪，就和亲身经历差不多。**

你可以回忆一个不愉快的经历，比如和朋友吵架、被批评或受委屈，感受一下，你的情绪是否又来了？好吧，那么你就像又经历了一次那个情景一样。如果情绪持续下去，时间就停止了，永远停留在了那个情绪产生的时间点。这就像曾经在迷宫的某个部位吃过一个奶酪，然后就再也不肯动弹的老鼠，时间就停止在了一个点上，这个点是最真实的，其他的都是假的。

根据情绪和真实原则，我可以列举几个缩减未来和现在的距离的方式：

1. 想象未来的自己在做什么。想想就行，要真实、生动，最好有颜色，不要像做梦一样是黑白的。想象一下你的精神状态，是精力充沛还是垂头丧气、无精打采、颓废邋遢的。

2. 站在未来的角度，评价一下自己。你是感激过去的这个自我，还是对他有什么看法和建议呢？这两个自己来回互动一下，最好形成文字。

3. 如果你会画画，那就可以把未来的那个自己画出来；如果会用PS，就把未来的自己PS一个出来也行。

这些策略，都能让抽象的未来变得具体，让现在的自己和未来的自己在情绪上沟通起来。

有时候，我们会忘了或不清楚自己想要的是什么，情绪一旦消失，那个未来的自己也就消失了。**雄心壮志是需要培养的，看穿了未来，我们就知道了结果，自然就能控制结果。**

如何检测是否已经调动起了情绪呢？比如，一个想成为北大英语系学生的高中生，我可以问："你是否能够想象自己坐在北大教室里听课的情景？清晰、生动吗？你的画面有颜色吗？你感到兴奋吗？你心跳加快了吗？"

还有一个自我暗示的练习方法，而且非常简单。每天早上起床之前和晚上上床之后，想一想未来的自己是个什么样子的，这样，你给自己贴的这个标签，就会偷偷溜进你的潜意识。

行动力：为什么拖到明天而不是后天

"拖延"一词的英语是procrastinate，pro表示错后，crustinus表示一天，所以procrastinate的意思是拖到第二天。为什么是第二天而不是后天、下周或明年？拖延二十四小时的部分原因，是我们神经链中储存的深层记忆知道睡眠的价值；这一秒的自己，感到无力，身体能量和心智能量都基本枯竭了，我们很清楚，谁都别想原地满血复活，补充能量需要一段时间，下一个二十四小时肯定就够了。

要在能量不足的时候行动起来，确实很困难，只有调动前额皮层右边半边了，这个掌管以分钟和小时计算长度的未来。不管我们的能量多

自控术

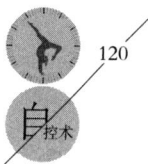

么不足，调动它还是没问题的，能量触及不到几小时以后的未来，最起码也能看到几分钟以后。

限制自己现在的选择，只看到自己正在做的那件事。这个方法很管用，是我从长跑中学来的，每次觉得自己跑不下去的时候，我就会拒绝考虑长远的未来，只是把目光聚集在下一秒。下一秒要做的事情，只是把一只脚放在另一只脚前面，这样就行了。每次都很管用。

我们行动不起来，主要因为选择太多，或者选项不对。赖在床上想，我是起床还是多睡一会儿？在这两个之间进行选择，就是错的，一定是再睡会儿。只要看到自己坐起来，没有第二个选项，就可以让我们有能量坐起来了。如果给未来两个选择，你看到了两个未来，那么，还会激起反意志力。所以只能看到一个未来，就会主动忽略另外一个未来。

我们也可以用两个或者最多三个选择来排挤一个坏选择。比如，我是该起来走走还是喝杯茶、吃点儿水果呢？这样，吸烟的事儿就被挤掉了。

自我形象与红楼诅咒：我不是陈晓旭，我是林黛玉

演员之所以能够把他们扮演的角色演得惟妙惟肖，是因为演员的一项基本功是"附在角色上"，也就是说，演员不再是演员，而成为了他/她所扮演的角色，就像陈晓旭不是陈晓旭，而是林黛玉。所以，陈晓旭的一生和林黛玉太相像了，包括为人处世的方式、生活与行为模式、对生命和宗教的看法，甚至早早地便香消玉殒，也和林黛玉很相似。

为什么会这样呢，为什么演员会重复他们所扮演的角色的命运呢？

答案只有一个：自我形象（Self image），也就是你给自己贴的标签。

所有你给自己的标签，都会外化成现实。你认为自己什么样，你就会变成什么样。不仅如此，还会把"疾病标签"和"健康标签"外化成现实。比如安慰剂效应。你觉得自己病了吗？那好吧，你的身体一定会实现你的自我形象；你吃了某神医给你开的大力丸，觉得自己一定会好吗？会的，因为你的身体会自动去实现这个自我形象的。

美国人曾做过这么一项实验：第一组学生在二十天内每天练习实际投篮二十分钟，并把第一天和最后一天的成绩记录下来。

第二组学生记录下第一天和最后一天的成绩，但在此期间不做任何练习。

第三组学生记录下第一天的成绩，然后每天花二十分钟做想象中的投篮。如果投篮不中时，他们便在想象中做相应的纠正。

实验结果是：第一组进球增加了百分之二十四；第二组因为没有练习而毫无进步；第三组每天想象练二十分钟，进球率增加百分之二十六。

如果你要检测自己的自我形象，就问自己"别人觉得我什么样？"或者你要检测别人的自我形象，就问他"你觉得别人认为你什么样？"就够了。

自我形象是对自我的心理图像描述，很稳固、很难改变，不仅只包括可感知的外表、智商等。自我形象的来源有三个：

1. 别人怎么看你，即别人对你的评价的内化。

2. 过去的你，即神经链包含的深层记忆之和。

3. 你怎么看自己。

现在我们只讨论两种不太正常的自我形象：自恋者和完美主义者。

完美主义者有时会贬低自我形象，因为他们理想中的自己和现实中的自己差距太大，所以自我形象很差，给自己贴上失败者的标签。因为自我形象会外化为现实，所以他们虽然心怀梦想，却找不到成功。

自恋者的自我形象很高，夸大自我价值，觉得自己高人一等，觉得自己有特权，这是自恋者。现在，我要告诉你一个坏消息：自恋者更容易成功。比如，毕加索曾说"我是上帝"（连尼采都不敢这么说啊），然后，他就成为了现代艺术的创始人。和毕加索一样，自恋者往往会出现在艺术、商业以及其他事业的重要位置上，这表明他们拥有其他人所没有的能力和想法。此外，与没有自恋者的团队相比，拥有几名自恋者的团队会提出更棒的方案，自我陶醉不仅能促成自己的成功，还能带动整个团队的氛围和整体的成功概率。但是，自恋者的智力和一般人相同，而且可能非常一般。

康奈尔大学的心理学家杰克·刚卡罗（Jack Goncalo）和沙朗·金（Sharon Kim），以及斯坦福大学的弗朗西斯·弗林（Francis Flynn），把七十六名大学生分成每两人一组，要求其中一人构思一部电影并向另一人表述其想法。杰克指出，这些想法不太有创意。后来，这三位心理学家又找了另外一批由一份所谓的《自恋人格调查表》中的十六项问卷评估而定的最自恋的学生，来完成这项试验时，他们的想法给人留下的印象，比最不自恋的表述者留下的印象加深了百分之五十。

人们发现，自恋者的想法在创造力上与非自恋者的提议相差无多，差异就在于表述本身：自恋者往往更有激情、妙趣横生并令人陶醉——

根据以往的研究，所有这些特征都与人的创造力有关。

附：自我形象测量

这里有一些词。快速地浏览一遍，如果这个词切合你自己的个性或形象，就在"我是"一栏里打√。

再看一遍，碰到自己想拥有的形象与个性时，就在"我想成为"一栏打√。所以，有些词在两栏里都会有√，有些词则一个√也没有。

注意：这两个步骤不能一起做，必须分成两步。

词	我是	我想成为	词	我是	我想成为
雄心壮志			偶尔有挫败感		
能说会道			慷慨		
有主心骨			诚实		
富有魅力			大家都关注你		
积极进取			冲动		
说话粗鲁			独立思考		
谨小慎微			懒惰		
富有魅力			乐观		
聪明智慧			善于演讲		
乐于挑战			有耐性		
乐于合作			务实		
富有创造力			有原则		
求知欲旺			无压力		
有正义感			有智慧		
胆子比较大			人际核心		
做事果断			自信		

自
控术

词	我是	我想成为	词	我是	我想成为
有毅力			马善被人骑		
说话委婉			精明能干		
做事踏实			顽固		
工作积极			多疑		
高效运作			胆小		
精力充沛			强硬		
有幽默感			值得信赖		
有嫉妒心			说话温和		
宽大的			顺从的		

评分规则：

如果一个词只有一个√，计1分；如果有两个√，不计分，如果没有√，也不计分。把各题得分相加就是总分。

测量结果：

5分以下：自我形象良好，自我评价不错。你很自信，并对自己的能力感到满意，成功的机会和个人成就感很高，真正的自我和理想的自我很一致，人格非常健康。

6-11分：你对自己感到比较满意，但真正的自我与理想的自我仍有一些矛盾。很健康的人格。

12-21分：你有点儿不太自信，真正的自我与理想的自我矛盾较大，成功的机会不是很大。

22-33分：你觉得自己不太好，对自己不是很满意，对追求成功没有信心。

34分以上：你对自己太不满意了，甚至绝望了，找个心理专家吧，他们能帮你。

我还有一个苹果

斯坦利·库尼茨（Stanley Kunitz）是一个对沙漠探险情有独钟的瑞典医生。年轻的时候，他曾试图穿越非洲撒哈拉大沙漠。在进入沙漠腹地的当天晚上，一场铺天盖地的风暴使他变得一无所有，向导不见了，满载着水和食物的骆驼也消失了，连那瓶已经开启的准备为自己庆祝三十六岁生日的香槟也洒得一干二净，死亡的恐惧从四面八方涌向他。

在绝望的瞬间，斯坦利把手伸向自己的口袋，意外地摸到了一只苹果，这只苹果使斯坦利从绝望中清醒，他庆幸自己竟然还有一只苹果。

几天后，奄奄一息的斯坦利被当地的土著人救起，令人迷惑不解的是，昏迷不醒的斯坦利紧紧地攥着一只完整却干瘪的苹果，而且攥得非常紧，以至于谁也无法从他手中将苹果拿走。

这位一生都充满传奇色彩的老人去世时，为自己写了这样一句墓志铭：我还有一个苹果。

这个故事的奇怪之处在于，斯坦利好像做错了。在食物和水都非常匮乏的时候，他不是该把苹果吃掉以补充体力和水分吗？这才是理智的选择啊！

同样的"理智"也出现在大学校园里。快考试的时候，你可以到男生宿舍看看，大家开始忘情地学习，不洗袜子、不叠被子、不刷牙、不洗脸、不刮胡子，这一切都有一个合理的解释，那就是把时间留给学习。

但以上的问题是：吃掉这个苹果之后，或者把时间都挤出来留给学习之后，我们失去了什么？是存在感！

存在感是什么东西？它是我们切切实实地感受到自己活着，感受到时间的维度。我们和动物不一样，所以，我们还在掌控现在的自己，还没有被存在于意识之下的野兽控制住，于是，我们还可以掌控未来的自己。

如果你觉得这种提法很荒唐，可以问问自己：

1. 我有多少存款？

2. 我的生日是哪一天？

3. 爸妈的电话号码是多少？

4. 今天是几号？

5. 我最近一次愉悦的经历是什么？大概在什么时间？

如果回答这些问题时，你的反应很快，那么很好，你很有存在感；如果想了半天才想起来，甚至反应不过来，那好吧，你的存在感已经打折扣了。

披着理智外衣的疯狂，还出现在工作狂人身上。"工作狂"这个词，以前是个褒义词，现在更多的，却被当成贬义，因为随着心理学研究的不断深入，我们发现，工作狂只是因为存在感缺失，对未来失控，看不到清晰的未来，所以享受不了现在。因为享受不了现在，所以必须让自己看上去很忙碌，用虚假的充实感给自己一个冠冕堂皇的借口。他们就像不洗袜子备考的大学生一样迷失了，或者自我所剩无几，甚至完全消失，因为感受不到自己的存在，所以未来的成功也闭上了眼睛。这就是他们整日忙忙碌碌却总得不到提升的原因，而不是公司管理层和他作对，或是忽视他的存在、他的业绩和态度。

这一秒还清醒着，下一秒就失控了，这种情况是很少的。大多数情况下控制感是随着存在感慢慢消失的，不会一下子没有了。存在感的消失，分几个梯度，存在感慢慢消失后，你还剩二分之一、三分之一还是四分之一？

存在感的一个测量手段，就是照镜子，看镜子里的那个人和你到底有没有联系，在多大程度上是你自己？或者，你根本不愿照镜子，拒绝去检查自己到底还有百分之多少的存在，那么很不幸，你已经所剩无几，处在全面失控的边缘了。

照镜子时清楚地知道镜子里那个人是我，这是一种能力。世界上的动物中，只有海豚、大象、黑猩猩和两岁以上的人类，知道镜子里那个人是自己。喜鹊有时候也会照镜子，但是它只是认为自己在和另外一只喜鹊愉快地聊天呢，所以鸟类对镜子的错恋，不是对镜子的错恋，是对镜子里的自己的错恋。婴儿一开始发现镜子里的那个人和自己的动作总是一致时，会有些吃惊，但慢慢就知道那个是自己了。狗会对着镜子狂

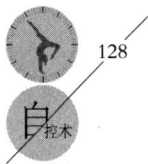

吠，而且，只要家里有镜子，它就会有不安全感，因为它总觉得自己得到的爱会跟另一只不知道从哪儿来的狗分享着。

本段开头提到的斯坦利，最终没有吃掉那个苹果，才是真正的理智。他握着苹果，就如同握住了现在的自己，只要这一秒的自己还存在，他就不会失去存在感，他就掌控着现在的自己，因此同样掌控着未来。

没有什么比感觉不到自己的存在更加恐惧了。一旦赌徒不愿去照镜子，就会陷入疯狂。一个仍然知道自己存在的赌徒更愿意把赌博当成娱乐；一个不愿去照镜子的赌徒，自我已消失殆尽，会觉得再输一点儿没什么关系。

对自己的时间的跟踪，可以起到斯坦利的苹果的效果，可以让我们总会认同镜子里那个人就是我们自己。只要跟踪就够了，不必理会这样的跟踪是如何起作用的。存在感梯度升高后，自控是一个自然而然的结果。量化一下、记录一下即可，这个习惯会随时提醒我们还作为一个人在活着，而且每次重复都能提高自己的真实性。

说谎的价值：神经病和梦想家的区别

每年的11月，世界各地的吹牛大王都会聚集在英国西北部的桑顿布里奇镇的布里奇酒馆，参加一年一度的"世界大话王"比赛。2012年的"世界大话王"比赛于11月15日拉开帷幕。每位参赛者最多有五分钟的时间自吹自擂，评委根据其想象力、表现力和厚脸皮程度评分，并选出最终的获胜者。

这项赛事的创立是为了纪念十九世纪一位名叫威尔·里特森的酒馆老板，他在镇上经营着布里奇酒馆，并因擅长吹牛而出名。比赛规定除律师和政客外，任何人都可以买张票当场报名参赛。各地的"说谎好手"都经过精心准备，以便让评委对他们说的话深信不疑。

2012年7月发表在《进化与人类行为》杂志上的一项研究指出，几乎所有谎言都可以通过说谎人的面部肌肉反应监测到，同时隐秘的情感状态能清楚地传达给见多识广的观察者。但是，仍有很多参赛者能够突破评委团的目光，骗倒这些资深的心理专家，一眼就能被识破的参赛者寥寥无几。

2003年，来自南非的阿布里·克鲁格成为第一个夺冠的外国人；2006年，伦敦喜剧演员休·珀金斯凭气候变化导致人们骑骆驼去上班的故事赢得比赛；当地农民约翰·格雷厄姆一共参加了二十四场比赛，且七次获得吹牛大赛冠军，被封为"吹牛大王约翰"；2011年的冠军格伦·博伊兰是核电站工人，他得以制胜的谎言故事开场白是："你们是不会相信这个的！"故事说的是在一次蜗牛赛跑中，查尔斯王储建议他把蜗牛壳取下来，好让蜗牛更具流线型，跑得更快，他照做了，但最后还是输掉比赛，输光了所有的钱。

人人都有与现实不同的想象、幻想和联想的能力，这不是孩子和神经病人的专利，而是人类特有的一种能力。它是现实生活的另一个版本，某种程度上就是谎话。所以英国人用比赛的形式来纪念威尔·里特森，并鼓励全国人民都说谎话，是因为他们认为说谎是一个人的能力，这也确实是人特有的一种能力，只有前额皮层发达的人类才能够看到未来，才有看透现实建造一个奇异世界的能力。

如果想象的是未来的自己，那就叫作梦想，还记得阿姆斯特朗小时候对她母亲说的那句话吗——我要跳到月球上去——所以，精神病人的

自控术

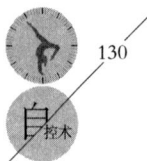

幻想和孩子（包括向未来发起猛冲不断奋斗的年轻人）的区别是什么？可不是评委团说的那个标准：谎言都可以通过说谎人的面部肌肉反应监测到，也不是那个版本的现实是否真实，那判断标准到底是什么呢？

精神病人完全认同那个版本的现实，梦想家也完全认同那个版本的现实，因为他们都有真实的情绪体验。关键在于，他们认不认同现在的自己，或者现在这个版本的现实是否真实。

精神病人一般都不爱照镜子，甚至看到镜子就会恐慌，因为两个版本的世界会让作为错误监控系统和冲突管理系统的前扣带皮层发出警告信号，让厌恶系统杏仁核发出强烈的死亡威胁感。梦想家则不一样，他们同时认同那个版本的世界和这个版本的世界。如果那个版本的世界是一个终点，那么，这条路的起点——这个版本的世界、这个世界里的自我——是否真实，就成了区分精神病人的幻想和梦想家的理想的区别。

量化生活

如果我们能不断监控自己在干什么，也就是如何在工作、睡眠、学习上进行分配，或者我们能不断地感受到自己的饮食结构、情绪、形象等，这个世界里的这个自我，就是真实的。于是，由美国诞生并逐渐波及欧洲的一个运动就开始了——自我追踪运动（Self-tracking movement），还有很多网站和俱乐部专门开发了适用于不同人群的自我追踪系统（Self-tracking systems），用来提高人们的存在感，以及对这个版本世界的自己真实性的认同感。

就像只要做财务上的记录和预算，财务就自然而然地被控制好了一样，只要做时间记录和预算，不断追踪自己到底在干什么、花了多少时间，时间控制就成了自然而然的事情。社会学心理学家对此效果的解释很牵强但激动人心：感受到自己的存在，人就会更加成功、幸福，因此，对时间的掌控只是个副产品。

自我追踪，简单来说就是量化时间与生活的好处，不是能省出大量的时间做更多的事情，而是基于之前说过的一个理论：和现在越有距离，就越模糊；越模糊，就越无价值。而自我追踪系统能够明明白白、清清楚楚地通过语言中枢和视觉中枢告诉我们：我是存在的。于是，让自己的真实感得以加强。

量化生活包括两个方面：记录现在、计划明天。今天的记录有一个好处：回顾过去的努力，会让我们很有成就感，而且，已经做出的努力是不能白费的，所以松懈的可能性会大大降低，我们会干劲儿十足地期待未来，不会因一时的失败而沮丧。比如，看到自己的体重在过去的一个月里减了五斤，就不太可能会因为今天的一个不精准的体重秤而感到大惊小怪。

量化生活，就会有更好的计划。做计划的障碍之一就是，害怕计划赶不上变化，而量化生活可以帮助改进计划的时间安排。

日记也是一种量化生活的方式，但是日记有个不足之处，那就是只包含对过去的回顾，而且时间安排并不细化，大大降低量化生活本来可以产生的效果。所以，在量化生活时，不能只做待办事件清单，那不管用，必须得标明预计时间和所费时间，记录从开始到完成的时间。如果预计时间和所费时间不同，还要注明，是被哪些事情耽误了，耽误了多少时间。

如果正在进行一个长期的规划，最好还要有自我奖励。把时间分出阶段来，避免变成混沌的一团，自我的存在感就会大大加强。

现在，手机一般兼有闹钟和手表的功能，其实这并不好。一只手

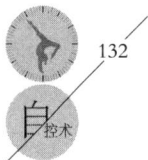

表、怀表、闹钟能激活镜像自我（又叫社会脑、环境脑），不断地告诉我们，时间在走、我们存在，而不像手机，只在你想知道时间的时候告诉你现在是几点，其他情况下你都感受不到时间的存在和流逝。沙漏则更是能把抽象的时间概念变成了具体的形象，仿佛可以触摸，因为它一直在流，能够直接提醒眼睛，我们仍然是4D的。

能量争夺战：

奉承白痴上司如何影响人的免疫系统

纠结：坏人会不会早死

2012年10月25日，中国台湾《苹果日报》报道，三十二岁的谢霆锋自曝罹患皮肤癌。在香港播出的电视节目《最佳男主角》中，谢霆锋说，医生告诉他左耳上方的头皮上长了一个黑色素瘤，上月已被切除，现已康复。化验得出的结果是良性，并非癌症，原来是虚惊一场。前妻张柏芝闻讯后开玩笑地安慰他说："老天不会让坏人这么早死。"

我本人对明星夫妻的关系和感情纠葛及谁对谁错是没有任何兴趣的，我感兴趣的只是张柏芝说的"老天不会让坏人这么早死"这句话，跟这个段子有关。

俗话说"兔子不吃窝边草"，可俗话又说"近水楼台先得月"；俗话说"宰相肚里能撑船"，可俗话又说"有仇不报非君子"；俗话说"人不犯我，我不犯人"，可俗话又说"先下手为强，后下手遭殃"；

俗话说"男子汉大丈夫，宁死不屈"，可俗话又说"男子汉大丈夫，能屈能伸"；最后俗话说"恶有恶报"，可张柏芝又说"老天不会让坏人这么早死"。

不对啊，为什么这些道理都这么纠结啊？这事儿很值得说道说道。

话说，大脑在运转的时候，会以身体作为储能站，向外支取能量。支取出来之后有以下几个用途：

1. 前扣带皮层的抑制力。比如上班堵车、适应白痴上司、容忍无聊耗神的会议，孩子哭、老婆闹，都会逼疯前扣带皮层。要知道，它最耗神，不管在哪儿受委屈了憋着不发作，都会需要抑制力，消耗大量的心智能量，且前扣带皮层只消耗能量，无法使能量再生，用完了就夺取和挪用其他部分的能量。

2. 前额皮层和左右大脑半球的理智、逻辑分析能力、想象力、创造力、记忆力等的关系。这两块大脑组织，可以自生心智能量，比如，你擅长数学，做一会儿数学题大脑就会一直兴奋，靠得正是它们自生的能量。

还有另外一种形式，需要同时动用前扣带皮层和前额皮层：做决定、做选择，如果选项力量旗鼓相当，难以取舍，就变成了心理斗争，或者纠结。

不管是做社会层面的决定（比如人事部决定录用哪个人，老板在其中取舍），还是做个人层面的选择（比如考虑到健康，是抽这根烟还是不抽；比如是立刻上场演讲，还是再等三秒钟让自己呼吸顺畅起来），只要是面临需要选择和决定，那都会很耗神。

为什么会这么耗神？从生理学层面解释，是因为前扣带皮层很消耗心智能量；从心理角度解释：做选择的时候，不是在选择一个正确的选

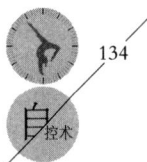

项，而是在排除错误的选项，每一个被排除的选项，一旦排除错了，就要承担后果，排除得越多，威胁越大。

所以，**选择太多，就会加剧损耗心智能量；越难以取舍，就越会使心智能量加剧损耗。**

心智能量损耗太多，又得不到及时补充；就会从身体储能站里往外调取能量，供前扣带皮层所用，其中被牺牲的就包括胸腺的能量。

胸腺是身体的重要淋巴器官，具有内分泌机能，分泌胸腺激素和激素类物质，是免疫系统的核心。由于位于胸腔前纵隔，所以叫作胸腺。胸腺在胚胎后期及婴儿期，约重十克至十五克，到青春期约三十克至四十克；此后随着年龄的增长，胸腺逐渐退化，淋巴细胞减少，脂肪组织增多，至老年时仅剩十五克。

当负责免疫系统的胸腺能量被挪用之后，人就开始生病了，感冒还好，但如果经常纠结，又老不生小病，那就得高度注意了。

在办公室里，忍受一个白痴上司很耗神，如果还得违心地去夸奖他、奉承他，那就更耗神了，前扣带皮层的能量一定会被耗尽。如果长期违心地去奉承上司，此人的胸腺还不崩溃？

从这个角度来讲，**违心地做任何事情，都会导致身体不适；长期违心地做任何事情，都会让身体的免疫系统崩溃。**如此，这句道德训诫："昧着良心做事，就不怕天打雷劈？"就有了合理的解释。

决策疲劳：尊重人和把人逼疯的区别

现在剩男剩女很多，当然，原因也很多。有一个习惯特别容易让女人讨厌一个男人，那就是给她太多的选择。比如 J 男在和 O 女交往。

J：咱们今天去哪儿呢？欢乐谷，还是北京游乐园？

O：……

J：去哪儿吃饭呢，必胜客，还是湘菜馆？

O：……

J：喝哪家的东西呢，避风塘，还是么么奶茶？

O：……

结果O女就坚决要和J男断绝关系，觉得J男一点儿主见都没有，不像个男人。而J男很苦恼，他说："主动权我都交给她，是因为我尊重她，爱她啊！"

但是这种看似体贴的做法，却是把太多的选择交给她来做，消耗她的心智能量，她自然就被逼疯了。多一次选择，就是把多一个"威胁"推给了她。做决定是要承担责任的，做决定是会让前扣带皮层耗干心智能量的。而且，给的这些选择，根本不好选，选项旗鼓相当，让人纠结，让O的心智能量加快损耗。你说，J男用自己的尊重如此折磨O女，O女还能要他吗？

插句题外话，剩男剩女增多的原因，从决策疲劳角度分析如下：

1. 选择太多。如上所述，要做的选择，不是在选，而是在放弃其他。所以好像一旦选定，把全国的未婚男女都放弃了。

2. 不同的维度之间的换算，很难也很耗神。比如现在有两个待选选项，我们总要将两个人的各个方面都综合权衡一下，才能取舍。不过，在美貌和智慧之间进行换算是最伤脑筋的，在帅气和富有之间衡量也很难。

随着选择频率的加快、选项的增加和各选项取舍难度的加大，痛苦以几何倍数增大。所以，你的哥们儿升了职的时候，就可能会变。

当你抱怨"以前他温文尔雅、通情达理，现在动不动就发脾气，完

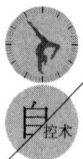

全不顾哥们儿情面"的时候，你知道，其实位置在那儿，他也是身不由己。不能再做好哥们儿，不是你的错，也不是他的错，只是放在了更高的位置上，他需要做的决定和选择增多了，心智能量损耗太大。

再举个例子。比如你家来了客人，你对客人说："您喝茶还是喝水？"这个选择就挺好，既尊重了对方，又不给对方太大的压力。但如果你说："您是喝茶还是喝水？喝果汁还是可乐？或是吃点儿零食？我这儿有薯片、面包。要不我给您下碗面吧！"那客人就一定会被逼疯，太多的选择耗干了他的心智能量。

中国人的交际文化是酒桌文化，很多生意和情感都是在餐桌上解决的。这里面的潜规则很多，其中一个是：不会点菜的人不堪大用。在聚餐的时候，你总会发现有种人不敢点菜，他们会说："你们点啥我吃啥，我不挑食。"其实这表现的只是他心智能量的匮乏，根本不是谦虚。

如果你总面临纠结的选择，可以通过扔硬币的方法来决定。它的决策不一定是对的，但是扔硬币有两个好处：1. 你不必再耗神了，只有一个选择了；2. 你一下子就从纠结耗神的左思右想中跳出来，突然知道自己到底希望它是正面还是背面。

"装"有装的成本

2012年9月，美国总统奥巴马在弗吉尼亚州进行竞选宣传时告诉民众，周二晚上第一夫人在大会上演讲时，他会尽量不让女儿看见自己掉泪。因为，"每次米歇尔演讲，我总有些泪眼模糊"。

奥巴马周三下午出发前往夏洛特市。这是他在过去四天里的第五场竞选活动，艾奥瓦州、科罗拉多州和俄亥俄州都出现了奥巴马的身影。

美国总统强调说，他所讲的是他和竞争对手共和党总统候选人米特·罗姆尼之间的差别。

奥巴马说："现在那一头也许并不急于谈论自己的想法，但周四晚上我很期待与你分享我的所思所想。"

他说："我会指出我心中更好的一条路，能创造好工作、壮大中产阶级力量和促进经济增长的一条路。弗吉尼亚州的人们，好消息是两个月后你们就能选择我们要走的路。"

有两种职业压力最大：在美国做总统和在中国做名人。所有的媒体都盯着你，不能出一点儿岔子。本来一般人都可以塌塌肩、弯弯背，放松放松，但是无数双眼睛在盯着你，于是，任何一个不那么好的东西都有可能会让你身败名裂。压力太大了，心智能量就会损耗，所有的情绪都会比正常人来得敏锐，因此奥巴马说"我总有些泪眼模糊"可不一定是糊弄人的作秀行为。

演员有说哭就哭、说笑就笑的本事，这是演员这个职业与生俱来的要求。紧张和压力已经损耗了大部分的心智能量，控制情绪的能量就少了，情绪自然就会很敏锐。笑星们在台上谈笑风生，但是郭德纲和范伟私底下都沉默寡言，这就很正常。大部分演员私底下的表现都跟在舞台上的表现相反，因为他们的工作太耗费心智能量了。

提高心智能量

提高心智能量，当然得先从提高身体能量开始。

我们从出生至十八岁前，都不叫"成人"。所谓"成人"，也就是

"成为人"。在这个过程中，我们越来越不像动物。我们的前额皮层、大脑左右半球是同时生长的，所以我们有理由相信，心智能量是一体的，大脑左右半球负责着逻辑思维能力、语言文字能力、想象力、抽象的能力等，这与前额皮层掌控的预见力、短期记忆力、深层记忆力、行动力是一起的。

因此，短期记忆力训练、清晰地回忆、清晰地想象、做算术题、写作、说话训练、进行深度思考、练习逻辑推理，都可以让大脑充血，就像肌肉充血得到锻炼一样。提高了心智的能量，自控就有了能量来源，这样我们便能从容淡定，有更多的心智能量去控制自己的生活了。

冥想是一种很好的方法，可以提高注意力、记忆力、自控力等。

找一个没有干扰的地方，静静地坐着，放缓呼吸的频率，加深吸气和呼气，什么也不想，只注意自己的呼吸，或者数自己的呼吸数，从一数到十，再从十数到一。

走神了或想事情了，没关系，可以再调回来，因为没有人能一开始就完全控制自己的注意力。关键是，一天五分钟就可以了，效果会很明显，一周左右你就会发现，精力更加旺盛了，仿佛心智能量大大增强了，而且身体比以前更有精力，睡眠质量也会改善。实际上，只要每天能做五分钟的冥想，一周左右，入睡的时间就会缩短一半，睡眠的时间会增加一个多小时。

自我催眠和冥想差不多。同样也是静静地坐着，放缓、加深呼吸，什么都不想；不过自我催眠不数自己呼吸的次数，而是依次放松全身，放松头部、放松胸部、放松手臂、放松手掌、放松小腹、放松腿部、放松脚掌。头部只要眼眉上部和眼睛下部放松即可，手部放松无名指和小指之间的手背和整只手，腋下部分可以放松手臂，锁骨可以帮助放松上半身，肚脐以下三指可以放松腹部，腿部基本不用放松，躺着自然就放松了，但是如果还绷紧可以放松腿窝，也就是膝盖内侧，脚部先放松的是小脚趾和倒数第二个脚趾的脚背，自我催眠十分钟，人基本就昏昏欲睡了。

第二部分

实践自控:
先立竿见影，再长治久安

第八章 **七层自我模板**
瞬间遏制和摆脱纠缠

冲动一般会持续八秒，抑制住几分钟后，再以积蓄的更大能量卷土重来，一轮比一轮猛烈，直到你被征服。那咋办？好办！先给它当头一棍子打回去，再把它老巢端了，看它还回不回来。

瞬间hold住

"你在干什么？"小王子问酒鬼，酒鬼默默地坐在那里，面前有一堆酒瓶子，有的是满的，有的是空的。

"我在喝酒。"他阴沉忧郁地回答。"你为什么喝酒？"小王子问。"为了忘却。"酒鬼回答。

小王子有些同情酒鬼了。他问："忘却什么呢？"酒鬼垂下头坦白道："为了忘却我的羞愧。""你羞愧什么呢？"小王子很想帮助他。"我羞愧我喝酒。"酒鬼说完后就再也不开口了。

小王子迷惑不解地离开了。在旅途中，他自言自语地说："这些大人确实奇怪。"

——安东尼·德·圣-埃克苏佩里《小王子》

有些时候，冲动不是一时的，而是循环往复的。瘾症和强迫症，如厌食症、暴躁症、购物狂症、强迫症等（如洁癖或各种"控"，微博控、BBS控）都是循环的，而且这个循环很怪，总是在"极强的欲望—冲动的行为—事后后悔"里不断重复。这种恶性循环让我们管不住自己的钱包、管理不了自己的时间、控制不住自己的生活和未来，无法经营幸福、享受安宁。

但是，要打破这个循环很简单，只需一张地图就能走出迷宫，以较有代表性的吸烟为例，看看怎么把这个循环连根拔掉。

> 现在，A看到一根烟（一个死对头、一款不需要的时装、一块巧克力、人人网快捷图标等），他一阵兴奋，脑袋开始发热，心跳开始加速，呼吸变得急促，小腹肌肉绷紧，注意力集中在它上面，想象力开始搜索吸烟（干掉这个家伙、穿上这衣服、吃着这食物、跟虚拟社区人交流）的快感，大脑中专门管理吸烟（坏蛋、时装、巧克力、人人网）的那个部门开始运作，但是他觉得这不好，于是他停住了，他眼巴巴地盯着，开始挣扎……
>
> 力量对比分析（拿吸烟来做示例）：
>
> 正方：前额叶，它预见未来不妙；
>
> 反方：多巴胺系统欲望爆棚，"我的ATP能量已经蓄满，需要爆发"；情绪脑开始焦躁，肾上腺素默默地燃烧着更多的热量；身体开始不自在，手开始发痒；"神经链，像以前那样做就行"；镜像自我："我看到了，我看到了，赶快行动啊！"反意志力抗议："骂它两句，吸这个（吃那个，买这个，玩那个），你压抑好久了，该享受享受了！"

力量对比一比六，正方完败的可能性很大。不过如果前额叶突然发力，打败反方的六人组合，A并没有吸烟（情绪爆发、买下时装、吃掉巧克力、点击鼠标），而五分钟之后会发生什么呢？

多巴胺系统产生的ATP能量并没有消散，"得不到"反而带来了更多的能量；情绪脑的焦虑更大了，提供了更多的肾上腺素；身体更不自在了，手开始发烫；神经链因为没有收到重视开始发出悲鸣；镜像自我依然盯着目标；由于受到了压制，反意志力抗议的声音变成了厉声尖叫。

是的，即使反方被暂时打退，也只能是去积攒更多的能量，为再次冲锋做好准备。

所以到最后，一定是反方赢。

那么你问：那该怎么办？解决方法只有一个：针对不同的分身做出不同的策略，再各个击破。

1. 针对多巴胺-ATP系统：抽掉ATP的能量

冲动上来了？想一口气骂死那个人或打他几拳？要一口气冲进商场了？受不了桌子上巧克力的味道了？打火机的诱惑更加强烈了？要不顾一切去"偷菜"了？这个动作可以瞬间抽调ATP的能量：**尽量吸一口气、攥拳、绷紧全身肌肉、憋气五秒至十秒。接着，会感到全身发热、放松。**

你还有欲望吗？欲望和冲动竟然消失了。很奇怪的感觉吧？其实原因很简单，统帅这六个叛贼的，是多巴胺系统的ATP能量，爆发起来也只能持续八秒的时间，这段时间不长，但是只要这能量聚集在大脑里，就会让你脑子一阵发晕，淹没前额叶，什么都不想马上就去干。而你现在通过绷紧肌肉的动作，已经把这些能量消耗光了，全身发热就是最具体的证明。

还记得那句话吗？"我脑子一热就干了那件事。"这方法就是让"热脑子"的ATP转移到身体上去发泄。你也可以想象一下，这么多能让全身微热的能量，如果集中在脑子里，会造成多大的冲击啊！你还能用意志力管住自己吗？

2. 针对情绪脑：泄掉肾上腺素

这种方法在西方的心理学、神经学甚至生理学上都没有任何根据，但是在中国的古老哲学中却有根深蒂固的基础：丹田（也就是肚脐以下三指左右）是兜气的地方，这就是习武之人清晨起床后要先练功才能小便的原因——俗称怕漏气。

肾上腺素闷烧导致冲动难以抑制的时候，小腹是微微收紧的，把"气"（肾上腺素）往上抬以促进爆发；所以，我们只要反其道而行就行了，一秒钟就可以泄掉肾上腺素。

做法一：

站起来，瞬间放松小腹，完全放松，让它尽量往下垂，让腹腔里的横膈膜尽量下垂，整个肚子感觉就像装满水的气球一样垂了下去。

还可以上下左右晃动小腹，越剧烈越好，比如扭动臀部或者快速摆动上半身。

做法二：腹式呼吸，并把注意力集中在呼吸上。

以下是错误的做法：恐吓自己

拿出肺癌照片吓唬自己、想象死敌不服气咋办、用"这个月早就超支了，再买就得搬到大街上去住了""你不怕胖吗"威胁自己，或是想象工作完不成上司丑恶的脸，这些方法都是不对的。这些策略只会让情绪脑更加焦虑，增加了肾上腺素的浓度，让更多的能量无处发泄，进一步刺激反意志力，让自己觉得更委屈。

3. 让身体能量爆发：锻炼和洗手

身体不舒服，是因为杏仁核开始发亮，实际上这只是大脑的感觉，和真正身体的感觉是不一样的。

为了安慰杏仁核，需要活动身体，活动所产生的快乐激素内啡肽会让杏仁体安静下来。

方法一：跑百米冲刺；

方法二：直立，原地做跑步的动作，脚尽可能抬高，频率越快越好，一分钟后会有些气喘，这样就可以干掉杏仁核的不适感了；

方法三：用凉水甚至冰水洗一下手，记得不要擦干，让它自然晾干，蒸发会带走更多的热量；

干什么事儿都要用手，所以冲动来时手的热量聚集，它就会发痒，冰镇它一下会缓解症状。

4. 针对镜像自我：走神儿

把目光集中在冲动的对象上，镜像自我就感受到了它的存在。

方法一：转移注意力，想点儿别的，就可以让镜像自我撤退。也可以唱个歌（记得唱出声来，如果没人在身边就尽量唱大点儿声），或者盯着墙上的某块污渍看一会儿。

当然，你还可以提前设防，比如把香烟放在柜子里，这样镜像自我就不会参战了。

就像曾经说过的，看不到的诱惑就是抽象的，一抽象的话，诱惑就模糊多了。就像当我们被吓到了，就会不自觉地闭上眼睛一样，恐怖的东西看不见也就显得不那么恐怖了。

方法二：将同类人妖魔化

想象一个和你有同样问题的朋友，想象他的肺在烂掉、被仇家打成了柿饼、胖成了猪、穷得垂头丧气、因为时间不够被老板害死了，把他们扭曲得越恶心越好，然后庆幸自己没有那样。注意这个想象的人一定

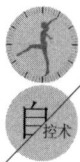

不是你自己，不然会激起恐惧感。

方法三：取笑现状

马上读一个笑话，或者看一幅漫画、回忆一个可笑的事情，反正只要搞笑就行。

根据动作改变情绪的原理，活动自己的眼部肌肉、裂开嘴角，保持三十秒。很快，情绪就会产生变化。

取笑现状。你可以想象那支烟、那身套裙、那块巧克力变成了卡通的，它活了，语重心长地跟你说人生哲理，或者想象那个让你恼火的家伙的鼻子一下子大了一圈儿。

5. 针对反意志力：敷衍它、哄它

方法一：敷衍。反意志力就像个孩子一样，如何对付孩子你还不知道吗？如果他有什么需求你不答应或是不理他，他就会越来越暴躁。对付他的方式只有一个：连哄带骗。还记得小时候你哭闹着非得买某样东西的时候，你妈对付你的话："回头再给你买啊，今天没带那么多钱。"

"什么时候有钱啊？"

"明天。"

然后你就安静了。到了第二天，你也早把昨天的事儿忘掉了。

反意志力就是这个孩子。你可以和他进行这个对话（以发火为例）：

"回头再骂他吧，现在没那么多闲工夫搭理他，反正时间还有的是。"

"什么时候骂他啊？"

"三分钟以后。过一会儿吧，过一会儿再骂他好不好？"

这个策略很搞笑，但是绝对管用。

方法二：哄。

反意志力之所以如此强烈，让你忍不住，是因为美德账户爆棚，你觉得自己很委屈。逆着它来，它就会更委屈，所以你得紧盯着吸烟的好处（吸烟可以放松身体，可以转移注意力，放松神经等）、发火的好处（宣泄情绪）、买了套裙的好处（可以和朋友炫耀品位）、吃了巧克力的好处（会很舒服）、玩人人网的好处（可能会认识新朋友），这些好处，你都是知道的。

以下是错误的做法。

错误做法一：三思而后行

这个建议"想想你的远期目标，想想你的健康"，绝对不能用，因为这只会让反意志力觉得进一步受到了打压，美德账户会像弹簧一样一下子蹿得老高，你会觉得更委屈了，不这么干简直就是对不起自己了。而且，冲动来的时候，根本没有时间"三思而后行"。

错误做法二：自责、臭骂自己

自责和臭骂自己，会给美德账号注入资金，让吸烟等事成为理所当然的选择。

6. 针对前额皮层：给它个前景

量化生活就不必多说了，可以参照前面的内容。

除此以外我们通常会用到的，就是给前额皮层一个美好、真实的前景。只能从正面说，并体验未来的情绪，不能说反话。

比如在吸烟前对自己说一句"这根烟会消耗我六分钟的生命"之类的话，会引起恐惧，激起反意志力，于是加剧吸烟；要把它换成"我的

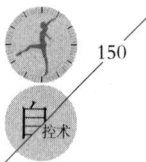

生活多么有活力，充满了能量"才对。

如何摆脱纠缠

让冲动消停下来、不再攻回来，最有效的办法就是让这些部门去负责其他事情，让它们不再有闲情逸致来管理烟酒、死敌、套裙、巧克力和人人网了。瘾症和强迫症，必须转移成别的瘾和强迫症才行；暴怒、狂购、暴食的乐趣，必须有其他爱好来代替。

新的瘾症，最好的选择是水瘾和锻炼瘾。

这里先插句话，因为你可能会问，运动和水也有瘾吗？有的。锻炼其实很上瘾的，只要启动起来，就会产生内啡肽这种快乐物质，效果等同于吗啡。你可以回忆一下自己身边的例子来证明锻炼有瘾。你听没听说过这么句话："好几天没去健身房了，浑身都好难受啊。"这就是锻炼瘾。还有足球和篮球迷们，过段时间没有打球，就会说："手（脚）好痒啊。"锻炼是可以成瘾的，因为内呔啡就是可卡因。

水能成瘾，是因为身体会对水带来的快乐感产生依赖。比如清晨喝一杯凉白开，可以润肤；感冒时狂喝水会好得快；大口大口地喝水可以缓解便秘和烦躁；最搞笑的是可以抑制非正常食欲，俗称"水饱"。身体会很快记住这些好处，并形成深层记忆，一周左右就会形成依赖。

关于水瘾的道具，可以用一个固定牌子的矿泉水配合。我自己还开发出一种饮料：绿茶+柠檬汁，把一个柠檬切片和绿茶一起泡。碳酸饮料不能形成水瘾，只能喝矿泉水、淡茶等，因为饮料只是尝起来好喝，对身体是没用的，身体必须获得好处——水分，才能加入你的阵营。给它喝不能补充水分的碳酸饮料，一次两次还行，久了之后，身体就知道你在要它了。你骗得了谁也骗不了自己的身体。

水最好是微凉的，因为低温也可以抵消掉一部分邪火。

如果你平时就以矿泉水为液体补充形式，那就改成茶瘾，总之需要一件不是之前习惯的事情。

失控的人就是"陷入冲动—后悔—冲动—后悔循环"的人，据我调查，生活失控的人，主要是因为精力没有合理的发泄渠道。为了达到自控，必须要有些个人癖好、爱好才行。如果你养只狗，那就有事儿做了，你得天天带它去遛弯儿，也就没那么多精力去疯狂购物了。

癖好有很多种，有人喜欢打扫卫生，有人喜欢集邮，还有人喜欢切菜、爱好厨艺，总觉得做饭时很放松、很享受，还有人喜欢唱歌，做健身操之类的。当狂看电影、狂吃狂睡的癖好消失后，必须有其他的事情来代替，不然会觉得很闷，无聊的感觉会逼着你再回到老路上去。

以下是我设计的一个方案，仅供参考。

步骤一：

水瘾的做法很简单：平常先不要喝足够的水，当每次瘾来时再猛喝一大口水。这样大概三四次之后，就会初步形成水瘾和烟瘾（购物冲动、发火冲动、暴食冲动、狂聊QQ等）的混合瘾——冲动来时，同时想要吸烟（购物、发火、吃东西、拖延）和喝水。当然，吸烟（购物、发火、吃东西、刷微博）还是主要冲动，喝水是次要的。

这一步的可操作性在于：每次有吸烟（购物冲动、发火冲动、狂吃冲动、分神冲动）的冲动时，意志力大概可以介入五至十秒钟的时间，甚至更短，在这段时间里，完全可以完成喝水的任务。

步骤二：

接下来要做的是让情绪脑出马。我们在猛喝一口凉白开或微凉的矿泉水时，深吸一口气，然后告诉自己"真爽啊"，再感觉一下，是不是真的比吸烟（购物、发火、吃东西、上虚拟社区）要爽。这很自然，吸烟和酗酒带来的毕竟是痛苦的感觉，人一发火身体就会不舒服，乱花钱和狂吃东西会带来负罪感，越上虚拟社区越空虚，而水给身体带来的满足感和舒服感也会迅速积累。

这两个步骤加上前面说的瞬间遏制法，有很好的效果，比如可以让一个重度烟鬼——一天两包、抽了快二十年的A先生，持续三天不吸烟。

步骤三：

身体能量出马。大概一至两天左右，你就会发现自己的力气仿佛总是用不完，因为掌管吸烟、购物、发火、吃东西、虚拟社交的那部分大脑的能量无处发泄。这时候是一个关键点，很可能复发，那该怎么办？

是让这部分能量重新流回那些瘾，还是利用这些多出来的能量干别的事情？当然是后者。这时候，启动运动就不是一件费劲儿的事情了，因为身体能量足足的，得不到释放，就有发泄的需求，把这部分能量从身体里发泄出去，三次之后，运动就成瘾了。

步骤四：

情绪脑出马。妖魔化周围吸烟（购物、发火、吃东西、上人人网）的人，可怜他们吧，对着他们叹口气："可怜的无知的人啊！"不要去试图说服别人戒烟（别乱花钱、别乱发火、别乱吃东西），因为在游说别人的同时，会极大地调动镜像自我，很可能让计划功亏一篑。

要注意的问题：步骤不能打乱顺序，不能操之过急，一定要一步一步地完成才行。跨越步骤会出现什么结果呢？

1. 第一步、第二步之间。我们要在烟瘾（购物、发火、吃东西、沉迷虚拟世界）和喝水形成初步的条件反射后，也就是瘾发作时会出现烟瘾（购物、发火、吃东西、沉迷虚拟世界）和水瘾两个冲动时才能进行第二步；否则第二步就会很假，不仅调动不起来情绪脑，而且会适得其反。

2. 第二步、第三步之间。要在喝水和爽感之间建立一定的联系后才能启用身体能量，不然很难自然地将喝水的爽感过渡给运动。即使几天不吸烟（购物、发火、吃东西、进入虚幻世界），浑身的能量无穷，也会让情绪脑觉得运动是件很不爽的事儿。

3. 第三步、第四步之间。最好在锻炼完成三天后，再进行第四步。因为妖魔化周围吸烟（购物、发火、吃东西）的人，也会让镜像自我不自在，从而帮助那个已经被削权但还没被罢黜的"烟脑"（或其他中枢神经链）重新掌权。而锻炼完三天后，"烟脑"（或其他中枢神经链）已经被拆分为水瘾和锻炼瘾，无暇顾及其他了。

这里还有两个普遍的错误建议，供相关人士参考。

错误建议一：厌恶疗法

厌恶疗法就是每次产生冲动，都体罚自己一下，从而抵消冲动。不过这种方式个人操作起来是不可能的，因为我们对自己实施惩罚的时候，力度往往不够，根本达不到效果。这种方法只有在医院或心理门诊才能起作用，因为医生要惩罚起病人来可不会含糊。

另外，厌恶疗法会导致后遗症，那就是打击人的自信心，严重时会摧毁人的自尊。为了戒个烟、减个肥、少发点儿火、少花点儿钱、少浪费点儿时间，就付出这个代价，是不值得的。

错误建议二：大骂自己和自责，是厌恶疗法的一种变形，会极大地

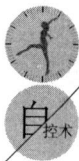

刺激反意志力，是不靠谱儿的。

错误建议三：吃口香糖替代吸烟、暴食。

吃口香糖的方式，只能加重吸烟和吃东西的渴望。不仅ATP能量从来没有消失过，而且吃口香糖和暴食、吸烟用的是同一个器官，我们便会一直被提醒自己该吸烟了、该吃东西了，直到对口香糖产生极强的厌恶情绪，重蹈覆辙为止。

吃货

身体和大脑的对抗

和脂肪做斗争，一定会牺牲；就像用手碰青春痘，它一定会发起来一样。问题不在于斗争是否得体，斗争方式的对与否，而在于只要斗争了，就一定会输。

自控术

这节主要针对瘦身的其他方面，先说一个重口味的故事：

"那年我们大三，六个人在宿舍里喝啤酒有点儿晕了，不愿出去上厕所，就用酒瓶子装尿。半夜的时候，隔壁宿舍一个哥们儿过来闲聊，看我们喝得正欢，也凑上前来，二话不说端起半瓶酒就咕咚咚喝开了，一边喝一边说：'打开多长时间了？都馊了！'我们六个人目瞪口呆地看着他喝光了瓶子里的尿，谁也没说话。过了几天我才鼓足勇气跟他说这件事儿，结果他扶着墙呕吐了好久（可是已经消化完了啊），再后来，他就不上我们宿舍来了。"

其实，在以上的例子中，隔壁宿舍的哥们儿刚喝第一口，甚至刚闻到那个气味的时候，他的身体就已经告诉他了："这东西不对。"但他还是坚持把那半瓶"啤酒"喝完了。这真是怪事儿，他为什么不相信自己身体的判断，而相信酒瓶里装的一定是酒，用"打开多长时间了"来否定来自于身体的判断呢？

原来神经链和镜像自我合谋，击败了他的身体自我。

他的镜像神经元说："大家都在喝啤酒，我也要喝啤酒；大家都从桌上拿啤酒，所以桌上的都是啤酒。"

他的神经链（深层记忆）说："（在这个宿舍）有啤酒的话，直接喝就是了。"

他的身体自我说："这个味道不对。"

力量对比2∶1，结果就很明显了。

那我问一下，因为吃得多所以发胖的你，是真的饿吗？还是被神经链和镜像细胞挟持了，打败了身体的真实感受？

我们可以区分一下什么是身体的饥饿感，什么是大脑（神经链、镜像细胞）的食欲。

首先，正常的食欲是谁都不能抑制的，如果不吃饭的话，人就饿死了，或者最起码饿晕了；但是神经链和镜像细胞会造成一种非正常的食欲，就像那个拒绝聆听身体信号的隔壁宿舍哥们儿一样，被大脑的食欲控制住了，而不管身体到底是需要食物，还是抗拒食物。

其次，身体的机能是很完善的，它知道自己所需要的所有养分和能量，就像有一阵子有个客户非常想吃西红柿，就是莫明其妙地想吃，后来他来咨询我，我告诉他，是因为他的身体缺东西，可以通过番茄红素进行补充。

再次，身体需要能量补充的时候，自然而然地就会通过各种信号告诉你，它饿了。而吃到大概六成饱（最养生的吃法就是六成饱）的时候，身体就会说："能量够了。"这时候，身体的信号已经来了，但是暴食症患者听不到，他们只听神经链（胃没有撑得慌，所以不饱）和镜像神经元的（还有那么多食物呢，还要，还要）。

所以我说，当你想吃东西的时候，可以学会区分一下到底是身体在告诉你，还是神经链+镜像神经元的合谋在告诉你。记住，身体掌管的是饥饿，而你大脑里的神经链和镜像神经细胞掌管的是食欲，这是两个完全不同的东西。

另外，你还可以尽量避开食欲的激发场所，比如味多美，比如超市，比如自助餐。而且在听见身体说"我已经不饿了"之后，让食物离开你的视线，不要一直激活你的镜像神经元。

节食是个错误的目标，被中国人搞错了。本来"on diet"，不是"节食"的意思，而是医生给病人开一个食品清单，让他们只吃清单上的食物，所以"diet"的本意就是"可以吃的食品清单"，但是翻译成汉语之后就成了"节食"，成了"控制进食""抑制食欲"的意思了，一下就把反意志力惹火了。

"diet"本身不会激起反意志力，因为它没有让人抑制食欲的意思，它只是让人"瘦下来"，而不是"减肥"。

一旦要"节食""减肥"，而不是要"瘦身""健康"，就会陷入万劫不复的境地。"节食""减肥"这两个富含美德外延的词，必然会激起委屈、痛苦、抑制，仅反意志力一项即可让你所有的努力归零；即使成功了，也会耗干心智能量，让你不高兴。"不高兴"积累多了，就会立刻反弹；然后再次节食，再次反弹，要达到相同的结果需要更长的时间和更多的痛苦；导致第三次节食，第三次反弹……最后就变成了喝凉水都长肉。

为什么每次瘦身反弹后，会一次比一次难以达成目标呢？这和我们祖先的优势基因相关。随便饿着自己，在听见身体发出饥饿信号之后都不吃东西，身体就会记住一个信息：现在是食物短缺期，我要把能量省着点儿用。经历几次瘦身反弹后，人就会变得懒洋洋的，不仅懒得动弹，还懒得动脑子，因为动脑子是很耗能量的。而在食物短缺期，节省能量是理所当然的。

　　而且，如果食物短缺期频繁出现的话，身体还会做出一个明智的决定：只要有食物，就一定要尽量多吃啊，反正吃了这顿没下顿。所以故意饿着自己，不满足身体的自然需求，就会大大增强食欲。

　　既然现在是饥荒时期，身体还会做出一个明智的策略：只要有能量，就尽量存成脂肪，不然我怎么熬过下一次饥荒啊。

　　所以，千万别随便饿自己的身体，它的逻辑和你的逻辑不一样。你的逻辑是要瘦下来，它的逻辑是保证你能挺过所有的食物短缺期，不被饿死。

　　食欲还可以是情绪脑的发泄口，人一有情绪，肾上腺素就会大量分泌，需要通过注意力的转移来泻火。所以要尽量减少情绪波动。再就是不要看惊悚电影，因为恐惧会让身体觉得受到威胁，而受到威胁的应对手段就是多储存能量；也不要看情景剧，情景剧里总出现吃饭的镜头，会激活镜像自我，不知不觉就特别有食欲了。很多人都是边看情景剧边吃东西胖起来的。

　　不要喝酒，喝酒会麻痹前额皮层，不能再约束欲望；就像"烟酒不分家"，醉酒后很难不吸烟一样，喝酒后会把一丁点儿的食欲放大到不可控制。

　　尽量避开零食，因为不一次吃够就会老馋着大脑，大脑就会产生更强烈的欲望。吃一口但不满足身体的饥饿感会出现什么结果呢？味蕾会迅速告诉大脑："注意，注意，开始摄入能量了！"大脑立刻传递信息给血液："注意，注意，新血糖来了，现有血糖可转化成脂肪了！"于是血液就会等着新能量赶紧来，以便输送葡萄糖去脂肪中心。可是，左等不来右等不来，就会向大脑投诉："新能量怎么还不来？"大脑就会立刻发布消息："我一直在等待新能量的到来，我现在非常非

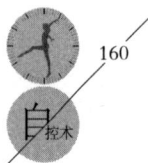

常饥饿！"

另外，可以用水瘾代替狂吃的冲动，那对降低食欲也有些帮助，前提是你已经摄取了足够的能量。

这七个自我，得罪哪个都不要得罪身体，任何想在食物上虐待身体的人，都会遭到疯狂报复。这是什么原因呢？

身体是储能站，能量来自食物，心智也从这里取用能量。所以虐待身体、不给它食物的人就会经历这个过程：自控力掌控—身体饿了—不给它食物—身体能量弱了—心智能量弱了—自控力小了。你本来要用自控力瘦身，结果不吃食物会降低自控力，所以从一开始就注定这个做法绝对行不通。

和脂肪做斗争，一定会牺牲；就像用手碰青春痘，它一定会发起来一样。问题不在于斗争是否得体，斗争方式的对与否，而在于只要斗争了，就一定会输。

拖延 第十章

为什么我们进入不了状态

我们所有拖着不做的事儿，都是让人不舒服的事儿，拖着不干是应当的，非得要干就得把自己逼疯，最起码让情绪脑觉得很不舒服，影响身体健康。

自控术

拖延的价值

有一个人因睡过头而错过了一次豪华旅行的机会，他感到非常愤怒；但当他看到报道后吓出了一身冷汗：他原本打算乘坐的"泰坦尼克"号沉没了！于是，他开始感谢上帝。是真有上帝还是他有先知先觉呢？不知道，但是我们的身体所做的每一个拖延的决定，都有自己充分的理由。

有时候我们因为拖延了某些事情，会觉得自己很差劲儿。但是，延迟带来的好处和不拖延带来的坏处，即使我们的意识不知道，可我们的身体却很聪明，它是知道的。拖延根本不是个贬义词，而应当是个褒义词，至少是个中性词。

古希腊有个国王让人做了一顶纯金的王冠，但他又怕工匠在王冠里掺了银子。因为王冠和交给金匠的金子一样重，谁也不知道金匠到底有没有掺假。于是国王找到阿基米德，让他测试，测试不出来就砍掉他的头。阿基米德苦思冥想，试了好多办法都没能成功，就准备好去接受死亡的惩罚，并等待着最后的审判。

这一天，他坐在浴盆里洗澡，看到水往外溢，忽然恍然大悟，随即用密度解决了这个棘手的问题。

拖延，回过头来说，会出现一时发懵、思路陷入僵局的情况，拖到明天就会有很好的点子，灵感在延迟中迸发，这是拖延的价值之一，在通俗心理学中叫作"酝酿效应"。因此，拖延的人，没准儿会更有创造力。

这个结论是被很多人支持的。哈佛大学的一群心理学家，经过对谷歌、苹果、IBM等大型公司的员工调查发现：经常迟到、熬夜、迟交方案的员工，比中规中矩的员工更有创造力。他们会更快乐、更健康、更自律，且道德品质高尚，挪用公款的几率比普通员工小得多……于是谷歌的员工可以采取弹性工作制（早上不来上班，晚上补上）或不坐班（可以来公司，也可在家办公）的时间自由政策。谷歌人认为，自由支配时间，是创造力和灵感的一大支柱，也就是可以在一定限度内随便延迟。

我们所有拖着不做的事儿，都是让人不舒服的事儿，拖着不干是应当的，非得要干就得把自己逼疯，最起码让情绪脑觉得很不舒服，影响身体健康。所以拖延的人，会获得更多的快乐，更懂得享受生活。

拖延说明我们思想独立。一般拖延的，都是别人交给我们的任务，拖着不干说明我们敢于蔑视权威、不愿被束缚。

拖延是冲动的反面。冲动的自我容易受欲望的诱惑，所以我们会拖延，延迟欲望的满足，延迟情绪的发泄，能做出更明智的决定而不是依靠冲动行事。

向后拖，有很多的好处和益处，所以我们一直在延迟。而一般人解决不了拖延的问题，正是因为他们只盯着拖延的坏处，忽略了拖延的价值。如果看不到拖延的价值，就会激起反意志力，让所有的调整和努力归零。

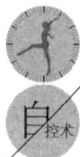

认清了拖延的价值（后面还有很多其他的价值），我们就有接着往下讲的前提了。

一般年轻人都爱把事情往后拖，小宇宙往往最后能够爆发，有惊人的创意和极高的效率。

但是，随着年龄的增大，当神经链中沉积的经验多起来之后，他们就会意识到，原来往后拖，主要是因为自己觉得时间还够用，但心理时间总是和客观时间对应不上，于是神经链里的深层记忆就会总结出经验：还是现在干好。这倒不是说他们心智成熟了，而是神经链积攒起来的经验自然而然地就让他们这么做了。人们常说"五十知天命"，五十岁以后，把事情拖到明天的情况就比较少见了，但是他们的创造力也随着年龄的增长越来越弱了。所以你知道，年龄大了，神经链就多了，有了太多的深层记忆，就会变得特别顽固，思想停滞不前，很难再有突破了。

那么，有没有一种方法，能让我们拥有五十岁的智慧和二三十岁的创造力呢？别的不敢说，关于延迟，我认为完全可以。

成功恐惧症：
保护心灵的策略

延迟的价值，我们已经讲完了，它只是一种策略，一种习惯，有好的一面，也有坏的一面。

现在要讲的不是延迟，而是一种强迫症，是精神疾病的一种，它和延迟有关，但导致这种病的其他原因也五花八门，它表现出来的自责、负罪感、自我贬低都异常强烈，这种强迫症，叫作"成功恐惧症"。

有一个成功恐惧症的真实案例：小朋友D是个没有完成假期作业的

初二学生。这个案例说明，心理时间和客观时间的半衰期不吻合。

1. 客观时间百分之百，心理时间百分之百。

假期开始，D信心满满的，相信自己一定能够完成作业。但是他没有做时间安排的习惯，非常相信自己可以处理好："等休息够了之后，自然就有精力了，所以不急，到时候再做，会更有效率的。"

2. 客观时间还剩下一周，心理时间剩百分之七十五。

他开始觉得有点儿不太对劲儿了，一种不祥的预感升起，并有点儿焦虑；不过，虽然他觉得最好从现在开始做，但看看时间还剩一周呢，回头只要加紧一点儿准能完成。于是，乐观情绪打败消极情绪，继续看电视吧。

3. 客观时间还剩三天，心理时间暴跌至百分之十。

恐慌开始："好像不开始写不行了。"

注意力转移开始。恐慌让他无法集中注意力，好像什么东西都在分散着他的注意力似的："我现在开始做，一定能完成，但是……我不是还有个锻炼计划吗？桌子怎么这么脏？屋子也太乱了，实在没法开始写作业啊……"

在这个阶段，除了必须要做的作业做不下去，别的事情都可以做。不管平时多么讨厌擦桌子，现在可以擦了；不管平时多么讨厌收拾屋子，现在可以收拾了。

虚假的愉悦感开始了。擦桌子和收拾屋子，给他带来了成就感。"啊，我多么忙碌，多么高兴！以前那么讨厌干，现在却做成了！我真有进步啊，真有成就感啊！"但是这些成就感仿佛转瞬即逝，所以他不断提醒自己当下的成就感，用以逃避恐慌源。但是另一方面，恐慌源一直都在。所以他每天睡得很多，起得很晚，但总是无精打采，惶惶不可终日。他避开任何和恐慌源相关的信息接触，避开任何接触真相的可能，总之，任何和恐慌源无关的事情，都可以做，只有写作业那件事不能做。

他还给自己精心编制了一个谎言："还有时间呢。"

4. 客观时间还剩一天，心理时间为零。

A：幻想破灭，绝望开始。他开始沉痛地责怪自己，后悔没有早点儿开始，下决心下次一定不浪费时间。

B：去他的吧，安排这样的作业本来就是老师的错。

C：啊！慢着。正当要全面崩溃之际，救命稻草出现："没关系，我可以熬夜啊，那可是好长一段时间呢。临阵磨枪不快也光啊！"

5. 如果出现C的话，就会重复3，直到累得趴在桌子上睡着了。

6. 第二天醒来。下定决心下次一定早些启动，这种经历太痛苦了，简直就是地狱走了一遭，这辈子再也不这么干了。

7. 第二次，重复1-6。

这就是拖延症，直接原因有两个：①相信自己是自然计时器，客观时间和心理时间脱节；②由极度乐观瞬间暴跌为恐慌。这都是延迟的原因，都不是成功恐惧症的原因。

成功恐惧症，表现在第7个步骤，为什么会出现步骤7，或者说，成功恐惧症到底是什么原因导致的？

这和拖延就没有关系了。出现步骤7，是因为小朋友D的深层记忆（神经链储存的信息）出了问题。这个深层记忆中储存了极度的恐慌感（接近或等于对死亡的恐惧感），所以一直避免再次出现，正是这个神经链，让小朋友D不断去避免极度的恐慌感。

这条神经链，或者这条神经链承载的信息是什么已经不重要了，重要的是，D从前经历过极度的恐慌：在自己百般努力后却被别人强烈地贬低，自尊心严重受挫。一旦有过这种经历，它就会不断地避免再现，尤其是当显意识有意去压抑它的时候。

这条神经链担心D会无法完成任务，哪怕只有百分之一的可能性，它也要避免这种可能性的出现。它担心D竭尽全力做出来的作业会得到老师的批评。

自责和自我贬低是痛苦的，但是，相比被别人否定自己努力的极度恐慌，它就不算痛苦了。这条神经链自动为D小朋友选择了较小的痛苦：与其花费所有的努力却可能脆弱地面对不甚理想的评价和被打压的自尊，那么，批判自己"懒""没有意志力""没有规划好"等，比起全力以赴后仍然被别人评价成"无能"来说，就比较划算了。

患成功恐惧症的人，不敢去想象未来，不敢去付出努力。他们不知道自己有这样一条神经链，掌管着一个包含极度恐慌情绪的神经链，只是一味地自我羞辱、自我贬低，以取得内心的平衡，惩罚自己。避开极度恐慌，不管其他任何情绪，这像极了把头埋在土里的鸵鸟：就算会被吃掉，最起码自己不会疯掉。

所以，成功恐惧症所采取的任何潜意识策略，都成了一处避风港、一个盾牌、一个抵御对自己全面否定的武器。这条神经链，会避免我们把最内心、最脆弱的自己暴露出来，哪怕可能性基本为零也不行，它默默地保护着小朋友D。

不努力、不行动，就不会遭遇失败，因为这条神经链早就想好了对世界解释的理由："缺乏意志力""爱看电视"，世界也是这么相信的。如果万一遭遇了世界的全面、根本性的否定，那D就没有存在的价值和意义了，无地自容，还不如去死。

成功恐惧症和自闭症有些相像，患者普遍强烈自卑，还有不为人知的脆弱，需要把自己保护起来，以免整个心理体系瘫痪和崩溃。

成功恐惧症者，一般同时患有真爱恐惧症。他们面对自己真的很喜欢的异性，通常会和她/他保持距离，或者不断贬低她/他，不敢爱；只有遇上不太喜欢的异性，才敢与之正常交往。

成功恐惧症者，一般怕惹人注意，尤其是夸奖、赞扬、欣赏和认可会让他们感到恐慌，成功会让他们感到尴尬，因为那仿佛又把他推向了那条神经链。

成功恐惧症者，如果不怕惹人注意，也不怕暴露于大庭广众下，那是因为他可能同时患有孤独恐惧症，需要被关注，并想引起别人的负面评价，因为社会脑（镜像自我）曾经受到过创伤。

入睡困难户和起床困难户：
启动为什么这么困难

人的不同分身不是单独运作的，而是一起行动。比如，当"恐惧+全身心努力后被全面、根本性否定+神经链+努力时的身体状态"结合起来后，就变成了成功恐惧症；还有些学生不转笔就思考不了问题；有些作家不吸烟就来不了灵感……

成功恐惧症中，努力时的身体状态也会激起恐惧，所以他们恐惧努力，但是他们一般会做一些无关紧要的事情，来逃避应该做的事情。这样使自己看起来没闲着，只要没有恐惧那条神经链，再不愿做的运动都可以去做，再不愿整理的房间都可以整理，唯一不能做的，就是做那件该做的事情。

所以，起床困难户和入睡困难户往往是一个人。晚上躺在床上就是不肯闭上眼睛，翻来覆去地调电视频道，再无聊也可以看下去；早晨躺在床上，就算天塌了也不肯及时起床……

解决的方式自然也要分多步进行：

1. 了解成功恐惧症。

2. 不愿做该做的事情时不要强迫自己做，也不要做任何其他事情，也就是只给自己一个单选题：要么什么都不做，要么做那件事；或者做正经事儿，或者空白。

3. 对未来的恐惧，让他们懒得对任何短期和长期的未来（日、周、月、年）有期待，对起床后的生活更没什么期待，没有兴奋的期待，就很难从床上爬起来。他们一般不吃早餐，也没有晨练的习惯。所以，可以先从吃早餐开始，吃自己最喜欢吃的早餐，别吝啬钱。

怯场、怯生、怯女人：
这可不是因为缺乏自信

这是社交焦虑症和异性恐惧症。和成功恐惧症的成因类似，是曾经在社交中有过恐慌，故而形成深层记忆，储存在某条神经链中。所以他们怕暴露自己的缺点，尤其是那些连自己都不知道的缺点，和陌生人聊天或在公开场合中说话，都会引起焦虑、恐慌、逻辑思维下降等。他们解释自己怯场、怯生、怯女性的理由很多，比如"害羞是美德"，或"不张扬是美德"。

解决的方式是：

1. 了解社交恐惧症和异性恐惧症的成因。

自控术

2. 认同这个观点：每个人都是有缺陷的残次品，而且没有回炉重造的机会，你不必取悦所有的人，只接受自己就够了。每个人都会犯错，都会遭遇暂时的挫折，暂时的倒退和失败，就连马云、潘石屹这些名人，也犯过无数的错误，被无数人指指点点过。如果真是什么错都不犯，那可就真的麻烦了，因为成功是失败的总和。

远期目标的完成

远期目标，就特别像跑马拉松，凭无穷大的意志力也完不成，而每个人的意志力又都很有限。所以，在跑步之前，就得先定好这条路该怎么跑，会出现什么问题阻挠目标的实现。

在1984年的东京国际马拉松比赛中，名不见经传的日本选手山田本一出人意料地夺得了冠军。当记者问他是怎样取得如此惊人的成绩时，他说："凭智慧战胜对手。"这个偶然跑到前面的矮个子选手让人摸不着头脑，很多人都认为：马拉松是体力和耐力的运动，只要身体素质好，又有耐力，就有望夺冠。两年后意大利国际马拉松邀请赛在米兰举行，山田本一代表日本参加比赛，再次获得了冠军。记者在采访时他再次回答："用智慧战胜对手。"

原来，每次比赛之前，他都要乘车把比赛线路仔细看一遍，并把沿途较为醒目的标志画下来。比如，第一个标志是银行，第二个标志是一棵大树，第三个标志是一座红房子，这样一直画到赛程的终点。比赛开始后，他就奋力地向第一个目标冲去。等到达第一个目标后，又以同样的速度向第二个目标冲去……漫长的赛程就被分解成这么几个小目标，轻松就能跑完了。如果他把目标定在四十多千米外的终点线上，只能是被前面的远途吓倒，跑十几千米估计就已经累得疲惫不堪了。

远期目标，就特别像跑马拉松，凭无穷大的意志力也完不成，而每个人的意志力又都很有限。所以，在跑步之前，就得先定好这条路该怎么跑，会出现什么问题阻挠目标的实现。否则，从踏出第一步开始，就已经注定到不了终点了。

首先，要有一个清晰的目标。一个清晰的目标可以让努力有指向性和目的感。目标特定，而不是漫无目的地瞎跑，精力就不会分散，力量才会集中。清晰，就不能仅仅是抽象的"自控""淡定""有钱"等，抽象和具体的维度都得有，如果不能同时有，那就只保留具体的维度即可。一个人在一段时间里，只有一个目标，最多不能超过三个。如果目标太多的话，你就按重要性排个序，然后划掉后边所有的。梦想太多，就等于没有梦想。目标，得是一个自我形象。"有钱"这个目标当然不行，太模糊；想成为"手机软件行业的佼佼者"行不行？不行，还是很模糊；"和罗永浩坐在一起吃饭"这个目标行不行？行，这个够了。因为人的自我形象，都是社会脑里的镜像自我，没有参考坐标，就不算清晰。另外，你和罗永浩坐在一起的时候，他给你夹菜了没有？你感受到那个自己的情绪了没有？

以前，有个英语老师经常给学生们算单词的账：你一天背二十个单词，一年就是七千三百个，四年就是三万个。大概的意思就是"铁杵磨成针"，和小学生老师讲的差不多。但是，为什么我们被灌输了十几年的"滴水石穿"等理论和美好的愿望，就是没有几个人能实现呢？

或许是设置的目标太高了，就像四年背三万个单词的计划。虚假的希望会伪装成理想，糊弄我们，而盲目的乐观则会阻碍目标的实现。所以，我们得学会调整目标。

如何让目标清晰起来呢？我们得细分目标，把长远目标量化。目标分为长期目标和当下目标。长期目标确定了，就得细化到时日：这一小时干什么，今天干什么、明天干什么、这周干什么，都得量化为计划。

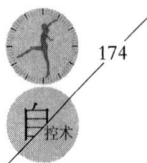

目标有时候转化不成行动力，就是因为没看到下一步该干什么，当下目标和远期目标失去了联系，梦想就成了幻想。

为什么要量化目标。因为表决心和发誓，都是确定目标的损招儿。哪个人开始的时候不是雄心勃勃、斗志昂扬的？不量化，长期目标和短期目标就脱节了，成了幻想，而不再是梦想。这时候大部分人都会责怪自己没毅力、不能坚持，其实只是他们没有量化目标。

量化目标，还能让一大堆同时需要做的事情先安静下来，你就可以专心地一件事一件事开始做了，否则待办事项总是在脑子里乱飞，就会分散精力，使人在该集中精神的时候难以集中，该放松的时候难以放松。

量化了目标，就对未来有了掌控感，因为你知道自己做了多少，还有多少需要做，自己在这条路上走了多远。

阶段性的胜利总能带来成就感，所以要有阶段性的自我奖励，以便成就感和满足感能让你开始下一步。有了阶段性的反馈和奖励，我们就能感觉到自己一直在进步，距离目标又近了一些，即使暂时有些挫折也不会灰心丧气，而是觉得自己尚未成功。

还有就是，在同一时间重复做同一件事情，三天就能形成生物钟神经链，也就是你可以让这个时点管理的那部分大脑兴奋起来，从而提高效率。往往有很多工作狂永远都忙忙碌碌的，却没有节奏感，永远不知道自己已经走到什么份儿上了，也不知道自己什么时候该休息了，于是让自己一直处于低效的状态。

第二天计划中的每件事都必须有明确的时间安排。每天晚上花几分钟看看日历，并规划一下明天该做什么。拿出今天的计划，安排一下今天该做但没做的事，转到明天的安排上。事情分成三类。每天总会有十几件事需要完成，有些重要，有些急迫，这些都是要有具体时间计划的。一刻钟以上的可以专门安排出半小时，一刻钟以内的，就可以归在其他类别上。有一些每天都要进行的不可更改的事项，比如7:00-7:30起床、洗漱，也要安排好。

有些事情是很难提前计划的，比如有人邀请你去做什么事，有条理的人会说"我下午有安排"，或者经过考虑之后再答应别人，并重组自己的日程，进行简单的更改或添加计划。

有些事情是要在后天或以后要做的，就可以做个备忘录，无须安排具体时间，或将其归为一类。备忘录还有一个作用，就是添加第二天的任务，比如你忽然觉得需要购买一本很重要的书，就写在备忘录上，安排第二天的某个时间去做，而不要随便打乱今天的日程安排。

可以给你参考一下某学霸在某天的时间安排表：

9月6日

6:30-7:00 起床；看两个单词；穿衣、洗漱期间不断重复这两个单词

7:00-8:00 晨练，同时读句子：A hero is an ordinary individual who finds the strength to persevere and endure in spite of all the overwhelming obstacles.遍数不限；去食堂路上背诵单词（迷你笔记本A组）；早餐；回宿舍路上复读（A组）

8:00-8:30 自己核查昨天的单词

8:30-9:30 单词二十个

9:30-10:00 看《好汉两个半》第一季第一集

10:00-11:00 模仿奥巴马就职总统演说

自
控术

11:00—13:00 去食堂路上背诵单词（迷你笔记本B组）；午饭；去教室路上背诵单词（迷你笔记本B组）；午休

13:00—13:30 复习早晨的二十个单词；复习A组单词

13:30—15:30 过滤《张道真语法》第二十至五十页，并及时培养语法、语感

15:30—16:30（或17:30）和小明等商议去野三坡的初步安排

16:30—18:00 跑步；读句子：To achieve all your goals and become everything you can capable of becoming, you must get your time under control.

18:00—19:00 晚饭；去食堂路上复习B组单词；去教室路上复习两个单词、二十个单词、A组单词、B组单词

19:00—21:30 过滤《张道真语法》第五十至一百页，并及时培养语法、语感

21:30—22:00 查看这一天的计划完成情况；安排第二天的计划和所需材料；把备忘录上和今天未完成的事项顺延到明天

22:00—22:30 洗漱；上床；听一段VOA（美国之音），时间不限

备忘

还《简·爱》一书，9月30日之前给老妈打电话报平安；本周六之前召开学生会会议；15日之前安排一次跳蚤市场；10月中旬左右……

安排日程的时候，要从最重要、最急迫的事项入手做时间安排，然后把剩下的事项放到备忘录里。

计划的灵活性，是允许每天的计划可以有一些弹性，允许意外的出现，并进行一些调整，这样就不至于僵化。世界上有种东西叫作"计划误差"（Planning fallacy），它表示人类会过低地估计自己花费的时间。可见，全世界的人都有计划误差，因为我们都对未来有乐观的估计。计划的重要性也在这里展现，比如第一天安排两个小时读六十页书如果有误，第二天就自然而然地调整了。

另外还要规划出一些有弹性的时间，也就是不要把时间安排得太死，得留有余地。

比如"13:30-15:30 过滤《张道真语法》第二十至五十页，并及时培养语法、语感"这条，可能弄完三十页语法不需要两个小时，但还是安排了两个小时，这样，当学习结束后还剩一些时间，就能多安排一些时间学习，如此，成就感会更大。

但如果出现太多的剩余时间就会很麻烦，比如"15:30-16:30（或17:30）和小明等商议去野三坡的初步安排"，如果会议半个小时就完成了，该怎么办呢？这时不能更改时间表，把所有的事项提前半小时，因为这样会打乱整体的安排。不如找些备忘中的事情做，用来填充这半个小时。

关于一天的生理周期。早晨的效率比其他时间要高出百分之十五。一天下来，人是越来越累的，所以耗费精力的事可以主要集中在上午，下午主要用来做各种不需要太多脑力付出的事。

到了晚上，最好不要安排得太多。如果这时候有太多的工作，很容易让大脑觉得新的一天开始了，导致晚上失眠。不过睡前回忆一下清晰的目标——那个罗永浩给夹菜的你——我还是大力推荐的。

关于社会脑。如果你能找到一个和你志同道合的同学一起努力，或

自控术

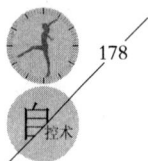

者参加一个俱乐部什么的，效果就完全不同了。因为整个环境中出现的人，都会调动你的镜像神经元，成为你的一部分。

关于休息。休息有助于精力的恢复，可以根据自己的精力周期来安排，但是不可以每次都等到累了再休息，否则很容易勾起反意志力。休息时做的事情必须和刚刚做的事情毫无相干，比如近距离看书后，就可以远距离眺望几分钟；静静地坐二十分钟后，最好就运动几分钟；刚才一直在冥想，现在就可以玩一把iPhone自带的小游戏；刚刚在读英语，现在就可以看一段时政新闻或小说。总之，刚刚在用脑，现在就用身体；刚才在用理性思维，现在就可以用感性思维，甚至可以写封情书什么的……另外还要注意：休息的几分钟不要有强刺激，休息就是休息，不能用来工作。

关于地点安排。我是反对在床上或者卧室工作及学习的。卧室会调动你的镜像神经元，让你进入不了状态；而如果在卧室进入了工作状态，又会导致晚上很容易失眠，因为镜像神经元分不清这个环境到底是用来睡觉的，还是工作的了。

如何迅速进入深睡眠

第十二章

"冲澡+睡衣+时间+卧具+曲子"便形成了一个牢不可破的仪式，能够传达给潜意识："准备好啊，我在等你来！"

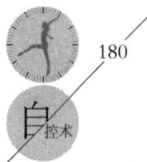

自控术

失眠：
潜意识拒绝上岗

睡觉的时候，大脑并没有停止工作。醒着的时候，潜意识在休息，意识在勤奋工作；睡着的时候，意识在休息，潜意识在勤奋工作。所以，意识和潜意识只是在不同的时间替我们值班。它们轮流站岗放哨，在特定的时间实现交接。二者交接的时候，会有一小段时间都在岗位上，这就是睡意蒙眬、做白日梦、头脑不清楚的时候。但是二者不能总是同时在岗，否则，交接就成了大问题。

有人失眠，就有人有嗜睡症。他们睡多久都睡不醒，每天无精打采，提不起精神。所以失眠和嗜睡，其实是同一个原因，那就是它们二者工作交接不顺利、不太合拍，而潜意识是个忠厚老实、尽忠职守的角色，能逼得它不好好交接的，一定是非常严重的事情。这就像两个人在玩跷跷板，不能顺利玩起来，肯定是淘气的那个人做了什么错事，把节奏、节拍给搞乱了。或者，二者交替值班，还像是荡秋千，如果秋千荡不起来，只能是节拍、节奏不对。只要节奏对了，两人合拍，就能顺利交接。

每个人都有自然睡眠、自然醒来的模式，是每个人都有的能力，因为潜意识和意识这两位都是祖先传下来的优势基因，那些总是因为莫名原因不合、不肯顺利交接的基因，都被大自然淘汰掉了。

所以，探寻失眠，不能向意识问："你为什么不肯离岗？"而是应该问潜意识："你为什么不肯出勤？"或者，如果我们想让它们现在就交接，就得让它俩都在场，才能促成它们交接。

睡眠质量和入睡同样重要。睡眠质量与潜意识是否勤奋工作有关。

一晚上的睡眠不是一个稳定的过程，而是由一个又一个波组成的，包括：入睡（又叫轻度睡眠，潜意识接班、意识离岗的阶段，此时还能和外界交流，持续约二十分钟）—慢波睡眠（身体能量开始补充，身体开始修复，排毒启动，持续两小时左右）—REM眼球快速活动阶段（眼球快速移动表示人在做梦，持续时间很短，此时大脑活动旺盛，最容易醒来，该过程对新知识及新信息进行筛选、过滤，把重要的信息沉淀下来，压缩打包、编码、入库储存）。一晚上大概可以循环三至四波。

那潜意识在值班的时候，都负责些什么呢？它负责把一天的零散信息进行整理、过滤、编码、贮存，并努力修复身体的细胞，让肌肉恢复体力；努力地生产能量，给心智能量充电；还要去照顾内脏、血液、免疫系统；还要勤奋地排出体内毒素。比如晚上九点到晚上十一点是免疫系统排毒时间，十一点到凌晨一点的子时，它会督促肝去排毒，凌晨一点至三点就让胆去排毒，三点至五点让肺去排毒，所以这些时间，必须是睡着的，或者至少不要让意识太旺盛，否则潜意识就会觉得自己"不在其位，不谋其政"。只要让它上岗，它就会拼命干的。早上五点至七点，潜意识已经把所有的毒素都运到了大肠和膀胱，这就是大肠排毒的时间了，这得上厕所，它就无能为力了，但是看到自己一整夜的工作干得如此出色，它很欣慰，这时候很愿意交接工作，毕竟干了一晚上也已经很累了。所以，在睡觉的时候，一定要留够了充足的氧气啊，否则潜意识干起活儿来就会觉得呼吸困难。

人有三分之一的时间是由潜意识值班的，另外三分之二的时间取决于潜意识是否好好工作，它做好了工作，一整天你都会感觉良好。有些人睡六个小时就够了，有些人则需要九个多小时，这都没关系，因为可能有些人的潜意识比较能干，花很少的时间就干完了活儿，使得肌肉的能量重新充沛起来，心智能量充完电了，于是完成了工作，潜意识就可以早点儿下班了。动物的睡眠时间普遍比人少，因为动物没有前额皮层，也没有反意志力，其交往也不像人似的这么广泛，所以，不用为其心智能量充电太多。婴儿和儿童就需要睡得更多，因为他们每天都在动用前额皮层、镜像自我来学习，并把新学到的东西储存在神经链里，这都需要心智能量；同时，他们的肌肉也在生长，这需要大量身体能量的补充。

明天起不来怎么办？恐惧是有能量的，本来应该是身体能量和大脑活动降低的时候，却来了更费能量的活儿。

引诱潜意识上岗

关于生物钟由哪部分大脑组织控制，现在还没有定论，不管是松果体还是视交叉上核（都位于眉心后，是下丘脑的一部分）控制，它们都是通过识别光线和温度来进行周期性发放时间信号的。

我们的优势基因祖先就是这么生活的。他日出而作、日落而息，随着光线的强弱变化和温度的变化，知道自己是该让潜意识还是意识来值班。

但是，便利的现代生活，晚上也是灯火通明，室内温度昼夜恒温，这就让松果体和视交叉上核无所适从了。如果灯光不能避免的话，那就把窗户打开吧，温度降低，生物钟也知道自己该休息了。

看来最靠谱儿的，就是让神经链帮忙了，让潜意识的活动与时间建立联系。

上床和时间最能形成稳定的神经链接，如果连续三至四天都在同一时间上床，那这个链接就会形成，我们会在第四天的同一时间里犯困。所以，最好不要在周末睡懒觉，好不容易建立起来的神经链，会被这两天一下子打散了。

如果时间的生物钟已经紊乱了，那怎么办？这就像一个秋千的节奏已经错了，该怎么让秋千重新恢复节奏呢？我说，第一步应当是抓住秋千，让它停下来，到了它该荡回去的时候再松手，这样就可以重新恢复节奏了。什么时候抓住合适呢？得抓住醒来的时间点。如果要重新建立新的时间生物钟，就连续三天在同一个时间起床，如此，三天即可形成一个新的时间生物钟；什么时候赶走潜意识，可以决定让它什么时候来上班。

还记得潜意识上岗是干什么的吧？是努力补充身体能量和心智能量的。好吧，如果白天的身体能量和心智能量并没有消耗多少，它就会拒绝上岗。

白天的运动，主要是站立的时间，可以累积受损的细胞，大脑的逻辑思维劳动、记忆劳动以及经历的各种信息，也都需要潜意识来整理、过滤、加工、储存。

所以，经常活动，或者常常运动的人，会比不运动的人更需要潜意识的帮助。为什么走路这么重要呢？我们知道，人的浑身上下都是穴位，脚部、头部、手上的穴位最多。站着的时候，接触地面的脚跟、五个脚趾与地面的接触点，是六个最有效的催眠穴位，以大脚趾上三分之一中心为最佳的按摩穴位点，走路就相当于引诱潜意识来工作了。当然，泡泡脚也行。

看看我们的优势祖先都在什么时间运动和动脑呢？他天刚亮就会出去找食物，快到晚上的时候才会回家，所以，天没亮的时候，不适合运动和动脑；天黑了也不要剧烈运动和剧烈运动大脑了，否则潜意识就会不知所措，到了该执勤的时候，就不肯露面了。这还可以从另外一个角度来解释：剧烈的脑力劳动和体力运动时，大脑的温度和体温会上升，至少需要三个小时才能慢慢降低。如果晚上七点以后还在运动，或者剧烈用脑，那到十点钟的时候，潜意识会觉得自己现在上岗很不合时宜。

另外，我们还可以向儿童学习睡眠的诀窍，他们的心智每天都在成长，需要更多的时间来修复心智能量，所以会睡得很多。那么，如果我们能抽出点儿时间来学一些新的东西，比如学学英语、开车，或者学学拉丁舞、健身操等，便都有很多新学的知识需要储存在大脑里了，潜意识就会意识到自己任务繁重，必须按时上岗执勤了。

我们还可以通过气味和声音来引导潜意识上岗。想想我们的优势基因祖先的生活环境吧，他到底是如何睡觉的呢？他住在山洞里，周围都是野草和花香的气味伴着他入睡，还有晚上叫个不停的小虫子，单调而乏味地重复着同一首歌……苹果和橘子都有浓郁的芳香气味，切一块或剥开之后，那气味会对人的神经有很强的镇静作用，所以能诱导潜意识快些上岗。单调而重复的声音，也能引诱潜意识前来。不过，这里说的单调而重复的声音和噪音不同。我们知道，虽然适应了一种噪声后，我们就很容易在这种噪音中入睡，但是噪音太大，会影响深度睡眠的时间，所以还是应该尽量避免噪音，而只听舒缓的音乐。

而当我们准备上床时，上床之前要注意：床、被子、枕头是干什么用的？当然是用来睡觉的了。那好，我们要一直来用它们睡觉，最好不要做别的事情。我们知道，几个事物同时出现多次，就会形成一条中性神经链，如果床、被子、枕头只和睡眠同时出现，那这三样东西就会和睡眠等同起来。因此，我建议，不要坐在床上看书，也不要靠在床上看电视，更不要盖着被子、倚在枕头上吃东西，这样做会破坏"卧具+睡眠"的神经链。

而且，我们还可以建立这样的一整套仪式，每天冲完澡、换上睡衣，在固定的时间、在同一张床上、听着同一首曲子入睡，这样，"冲澡+睡衣+时间+卧具+曲子"便形成了一个牢不可破的仪式，能够传达给潜意识："准备好啊，我在等你来！"

良好的睡眠者往往是"头一挨枕头就睡着的人"，这是因为他长期以来只让床发挥单一睡眠的功能，形成的神经链牢不可破。

酒精确实有麻痹意识的作用，可以逼迫潜意识上岗，但是，酒精会导致脱水：一边口渴，一边尿意十足，所以，通过酒精入睡，会导致下半夜渴醒或憋醒，而且一旦醒来，就很难再入睡了，因为当初意识就不是自愿交接的。

睡前三四个小时就不要吃东西了，因为消化食物是直立时的工作，潜意识不负责该部分，所以如果睡前还吃东西，潜意识就会认为，自己还不该上岗呢。

咖啡因（存在于咖啡、茶、可乐及其他碳水化合饮料中），需要六至八个小时才能排出，排完了才会犯困，所以下午两点以后最好就不要再喝咖啡、茶、可乐和碳酸饮料了。

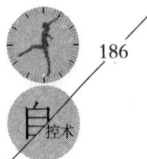

最后要注意的是，不要在床上思考问题，不要把情绪带上床。情绪和思考是意识的工作，如果在床上思考问题，或者有各种情绪，那潜意识肯定不会来上班。

动用恐吓（明天还有重要会议要开）、意志力（必须睡）的方式，都会让意识更加勤劳地工作，让潜意识不来上班。

导入睡眠

睡前工作做好了，那人就不太容易失眠了，潜意识和意识之间的交接就会很顺畅，清醒和睡眠的秋千就会荡得很有节奏。但是，有时候这不是人们想要的，人们想要的不是三天以上才能形成的东西，他们想要解决的是今天晚上我睡不着，怎么办？这可是个很有挑战性的工作，而我又不愿意建议你去服用安眠药。所以，来看看催眠师到底在做什么吧。

催眠师要做的第一步，是把受术者的潜意识召唤出来，而不是把他的意识压下去。

自我催眠的最大劣势，就是你必须用自己的意识去召唤潜意识现身，而这二者是不能同时在岗的。意识活动剧烈，它自己就会非常清醒，就更招不来潜意识了；意识活动不剧烈，就没有足够的力量召唤潜意识。这可如何是好？

所以，首先，你可以先把注意力（意识）集中在"潜意识"这个词语上，而不是"意识"这个词语上；然后做冥想放松练习，这时候最不容易放松的就是眼睛及眼睛周围的肌肉，多放松它几次；再次，想象一个场景，在那个场景下，你很困，大家也都很困。比如守岁的时候，大家一般一起熬夜，但一个个最后都困得要死。

1. 回忆那个环境，回忆那时候的人们，还有你自己；

2. 那个情境，你知道，也感受到了。你无精打采的，脑子不转了，身体很疲倦，你看看你的身体状态，弯腰坐着，仿佛都累得直不起腰了。但是最重要的是，你又得撑着；

3. 周围的人也都和你一样，他们一脸木讷，神情呆滞，嘴边流着哈喇子，仿佛坐着就睡着了一样。

4. 这时，忽然有个人打了一个哈欠，周围的人也在陆续打哈欠，好吧，你困得不行了，你也打了一个哈欠。

5. 你的眼皮很沉，根本睁不开了，你努力地想睁开它，但是它又无力地合上了。

6. 终于，大家一起睡了。

好吧，如果按如此步骤顺利进行的话，那么，自我催眠最起码能进入朦胧状态——像白日梦和太累了时脑子发晕的状态。这是睡眠波的入睡阶段，达到这一阶段即可。

你看到自己想象的片段，它们来来去去，飘忽不定，你不断地走神，画面一个接一个地不断涌现，又飞快跑开，像飘飞的雪花，一片片地不知所踪。那么，你就任这些片段飘飞吧，它们一个个地自动出现了，又飘走了，这是关键。

如果这些片段瞬间消失，马上换成另一个片段，可以肯定的是，你已经步入入睡阶段了。这是注意力分散的标志，而注意力分散就是潜意识已经被召唤出来的标志。

如果这些片段不消失，或持续时间较长，那就说明你的意识太清醒，就要动用内在声音继续召唤潜意识。

我们都知道自己会有一种内在声音（inner voice）吧？这个内在声音

自控术

是什么呢？是内心独白，由断断续续的片段组成，它介于意识和潜意识之间。比如我们有时候会不小心嘟囔出来的话，就是在我们头脑模糊、潜意识和显意识交融的时候不小心说出来的，它还像我们在做梦的时候说的那些支离破碎的梦呓。

这个内在声音的特点是什么？1. 语气单调，就像母亲哄孩子睡觉时候的感觉，"睡吧，宝宝，睡觉了，宝宝"，节奏舒缓、单调、枯燥、重复；2. 只有破碎的片段，不超过三个字，也不表达什么具体的意思；3. 语意模糊。

把你看到的片段，用单调的、懒洋洋的、不超过三个字的内在声音说出你看到了什么，它就会消失了。

如此，潜意识被召唤出来，你已经进入朦胧状态了。接下来的睡眠，就是自然而然的事情了。

其中一定要注意一点：眼睛和眼部肌肉一定要放松，眼球不要转动。

控制失控的情绪
第十三章

获得淡定的力量

微博火之前，火的是博客，有了微博，玩博客的就越来越少了。这也从一个侧面说明：人们越来越没有耐心了，越来越坐不住了。

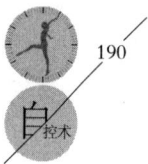

世界如此浮躁，你要内心淡定

2012年4月，人民日报社社长张研农在复旦大学与学生交流时称，"微博女王"姚晨让《人民日报》有了强烈的"危机感"。她每一次发言的受众数量，比《人民日报》的发行数量多出近七倍。

微博火之前，火的是博客，有了微博，玩博客的就越来越少了。为什么呢？微博一百四十个字，一分钟内能看完，比传统博客浓缩得多。这也从一个侧面说明：人们越来越没有耐心了，越来越坐不住了。

信息传播越来越快，人和人的交流却越来越困难，语言媒介已经失效。沟通漏斗是这么说的：一个人通常只能说出心中所想的百分之八十，但对方听到的最多只能是百分之六十，听懂的却只有百分之四十。每个人都有自己的一套体系来解释世界的运转和人的行为，来自不同背景的人，很难互相融合；而现代人的矜持与偏执又根深蒂固，沟通的难度更为加剧，就算对方听懂了这百分之四十，也会激起相当大的一部分逆反心理，因此再缩水很大一部分，基本就消失殆尽了。毕竟自己和自己交流都有障碍，哪儿还管得了人际交往啊！

但是我们又必须与人交往，而只要与人交往，就会有龃龉不合；

只要有上司，就会有不公平的指责；只要还活着，就会莫名其妙的"压力山大"，为小事儿抓狂，心理防御系统保持开启，或因不敢爆发而焦躁、冲动。那些因为别人流泪而流泪，懂得换位思考、设身处地为他人着想的人早已被当成了傻瓜。

我们渴望理性的冷静能够战胜浮躁的冲动，也渴望获得淡定的力量。这事儿我也许能助你一臂之力。

泻火：如何应对慢性压力和情绪

情绪分成很多种。这一章主要说一说意识还能来得及指挥的情绪，让它们不伤害到别人和自己，在高涨到把意识掩盖过去之前将其排泄掉，终于不会因为小事情引起的波动使脑子一热，跟上司大吵一架，毁了自己的事业；或跟老婆莫名其妙地发火，毁了自己的家庭；或跟谁也不发火，但毁了自己的身体。而且，我愿意看到更多的人，在压力之下生机勃勃地成长，就像从石头底下长出的小树苗，虽然弯曲，但总有一天能够把石头顶翻。情绪脑，不应该是压制我们的东西，它只是我们的一个分身，怎么能让它主宰我们呢？

这些慢性情绪，就是缓慢释放的肾上腺素，来自于力度较大但持续时间很长的压力。于是，我们的肾上腺素就一直闷烧着，像我们的优势基因祖先旁边的笼子里一直关着一头狼一样。

其实，没有哪个人的情绪是稳定的，情绪稳定只是一种行为表现，并不说明内在没有情绪；**自控力不决定个体是否会有情绪体验，只决定情绪波动是否会产生后果。**所以，控制情绪，就成了策略问题，而且，既然有人能控制得很好，那我们就也有可能把它控制得挺好。

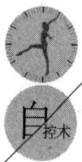

憋着的情绪脑会不断挑动前扣带皮层的极限，消耗心智能量乃至身体能量，而放松是情绪的反面，几分钟后就能让交感神经系统松弛下来，交给副交感神经系统来掌控身体，于是身体会恢复修复与自愈的能力，免疫功能增强从而增加身体能量，才能够集中能量应对其他的挑战。

如何放松？也就是说，策略是什么？前面提到的那些控制暴怒的策略，对控制长期闷烧积累的情绪来说，也很管用。

同时也可以发泄。大哭大笑，大吼大叫，是情绪的宣泄。哭完了，笑完了，也就没啥情绪了；到健身房猛打一通沙袋，也是发泄，靠运动发泄能量是最有效的。

如果不进行自我发泄，这些能量就得积累，要么失控，向外发泄出去；要么转向内在去破坏组织细胞，于是人体自动寻找到的能量宣泄形式就是转移注意力，有的人靠长时间看电视剧转移注意力，靠猛吃东西转移，还有人一紧张就狂洗衣服、擦桌子，这也可以让他们放松。这些放松形式，从根本上来说都是有益的，是身体自己的策略，让体内细胞不受伤害。只不过那些形式你可能会不喜欢。

肾上腺素一分泌，就会消耗身体能量。没人喜欢能量流失，身体也不喜欢，它会万分沮丧，怀疑自己是否把能量用得太多了，开始考虑什么时候会因能量耗尽而死。所以它有很多自动保存能量——不让能量随便流失——的方式。

2003年12月，斯坦福大学的研究人员建议自己的同事、朋友和配偶以及志愿者等在报纸上选择自己喜欢的幽默漫画，同时用核磁共振仪器观察他们脑部的反应，结果他们惊奇地发现，在看幽默漫画时，脑部的反应就如同服用了可卡因，或是得到一大笔钱，甚至相当于看到一个美女。大脑中那个叫伏隔核的神经核团在接受幽默漫画时就释放了GABA（γ-氨基丁酸）、血清素、垂体后叶素等使人愉悦的激素。

幽默是身体的一个自我策略，让身体放松，降低肾上腺素的分泌，保存体内的能量。

芝加哥大学的艾德蒙·杰可布森博士曾说，如果你能完全放松你的眼部肌肉，你就可以忘记你所有的烦恼了。这是因为眼睛是情绪脑的窗户，而"幽默+眼部肌肉放松"的神经链根深蒂固。放松了眼部肌肉，就同时挠到了幽默的胳肢窝。

另外一个泻火的方式，就是骂人。

言灵：
骂人的价值

有一天，美国前总统林肯正在办公室整理文件，陆军部长斯坦顿气冲冲地走了进来。

"怎么了？发生了什么事？跟我说说，说不定我能给你出出主意。"林肯笑道。

斯坦顿咆哮道："你知道吗？今天有个少将竟然用那种口气和我说话，那简直是侮辱，而且他根本就是胡说八道！"

林肯建议斯坦顿："你可以在信里狠狠地回骂他一顿，让他也尝尝被指责的滋味。"

斯坦顿立刻写了一封措辞激烈的信，然后拿给林肯看。林肯

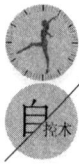

看完后说："你写得太好了，要的就是这种效果，好好教训他一顿！"然后把信顺手扔进了炉子里。

斯坦顿忙问："是你让我写这封信的，为什么把它扔进炉子里去？"

林肯说："难道你不觉得写这封信的时候你已经消气了吗？如果还没有完全消气，就接着写第二封吧。"

要冷却情绪，把话写出来就行了，这事儿似乎不好理解。肾上腺素催生的能量会使肌肉充血，看起来，它需要行动才能泻火，所以大骂确实能够起作用，因为大骂一通是需要能量的。那么，为什么写下来也行呢？原来语言真的携带能量，不管是说出来的还是写出来的。

首先，关于姓名。第六次人口普查的时候，查到几个很有意思的名字，包括赖月京、秦寿生、魏生津等，其中史珍香被评为最搞笑名字。我猜想这几个人的人生路途，可能真的会很搞笑。

另外，拍过一千多部影片、独霸影坛三十年的邵氏影业公司，现在很少再有新动作了，因为在1987年5月，它已经宣布停止生产电影。当然，人们会从邵氏公司的成长、发展、遭遇的坎坷或邵氏兄弟的性格、用人等方面来解释它的风光不再，不过，它的英文缩写"SB"，是否在无形中也起到了至关重要的作用呢？

日本人十分相信言灵，把姓名等同灵魂，所以很多人都有两个名字，一个是由父母隐藏起来的真名，一个是平常用的"假名"，就怕被人通过姓名控制了灵魂。在有神论的国家里，很多以语言为载体的咒语、诅咒等，都被认为是有力量的。我想，这可能是有点儿迷信，但是词语和句子被说出来或者写出来之后，还真携带着很多情绪。

首先是褒义词和贬义词。

> 我每天都去跑步，我坚持三十年了。
> 我每天抽一包烟，我坚持三十年了。

第二句感觉怪怪的，因为抽烟不应该用褒义词"坚持"（当然，因为它是褒义词，所以会激起美德感，从而激起反意志力）。

这样的神奇词语还有很多，比如"毅力""意志力"等，有时候数字也可以。

> 一个人花两千九百八十元买了款手机。
> 买时对自己说：才两千多块，不贵。
> 又对朋友说：小三千块呢。

它还是同一个价格，听起来就完全不一样了，关键是所携带的情绪不同。

另外，正说和反说携带的能量也不同。

> 今天我绝不能迟到。
> 今天我要按时到校。

因为，迟到＝错事＝可能规避的惩罚，按时到校＝对的事＝一定会得到的快乐，所以你看，"不迟到"的情绪远远小于"按时到校"的情绪。

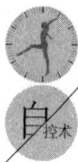

语言真的携带着能量。

弗洛伊德认为人总有一些压抑的情感，而这些情感不能疏泄的话，迟早会憋出毛病来，于是他让病人想说什么就说什么，以此治疗好很多疾病，这个效应名为"蔡氏效应"。

约束注意力

获得专注的力量

第十四章

分神或称注意力分散、注意力集中不起来，其根本原因是身体能量不足，导致心智不能从身体能量蓄水池里取用到能量。

人生来是不会分散注意力的，那不符合人的生理运行规则。

如果你把一杯清水倒进一桶污水里，你得到的是一桶污水；如果你把一杯污水倒进一桶清水，你得到的还是一桶污水。

这能说明很多事情，但是和注意力有关的是：**我们的注意力在同一时间只能集中在一个点上，而不是整个背景。这是人的生理运行规则。**这也能说明，为什么合作的双方，一旦共同利益体确立，就开始了互相竞争。在利益共同体形成之前，世界是背景，于是共同利益成为注意力的焦点；当利益共同体成为背景，矛盾自然就成了注意力的焦点。这也是为什么"一只狮子带领的九十九只绵羊可以打败一只绵羊带领的九十九只狮子"（拿破仑语），背景并不重要，我们（整个世界）都只会注意到一个东西。

由此，就出现了"木桶法则"，又叫"短板法则"，它的大意是：一只由多个木板组成的木桶，盛水的多少，不在于木桶上最长的木板，也不在于木桶上所有的木板，而在于木桶上最短的那块木板，因为除了这块木板，其他的都是背景，而不是注意力焦点。

之前已经说过多任务处理（Multitasking）的工作原理了。母亲可以一边打毛衣一边看电视，作家可以一边抽烟一边写作，中学生可以一边转笔一边考试……这说明人可以同时做好几项工作。但是，在同一时间内，注意力只能集中在一个行为上，其他的行为都是由神经链控制的，不是注意力分散的原因。

但是有时候，注意力确实分散了，不过那都是生理的正常反应。首先说的是，注意力的起伏和由于身体能量匮乏造成的不自主的注意力分散。

注意起伏指人的感觉不能长时间地保持固定，而是间歇的。注意持久地集中在一个对象上，不仅很困难，而且不可能。一般每次的周期为两秒至十二秒，平均时长为八秒至十秒。周期性的注意起伏，是意识觉察不到的，除非出现特殊情况，比如"欧普艺术"的视觉效果。

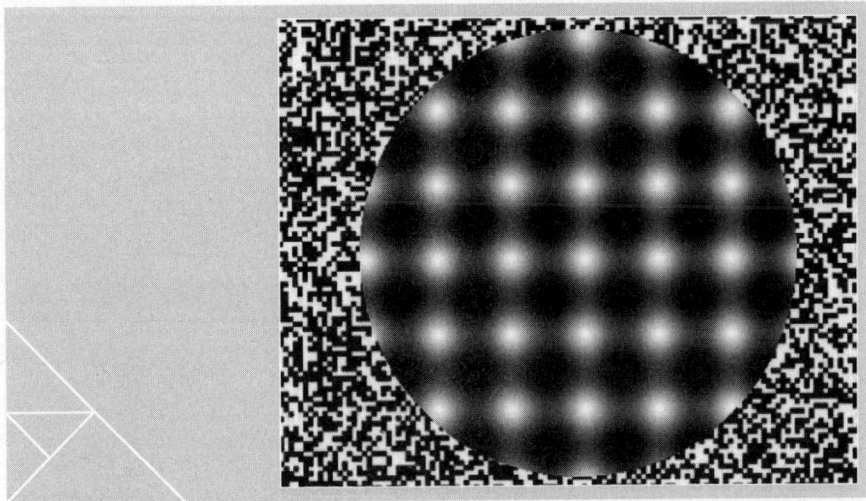

欧普艺术，就是让你感觉一个静态的东西在不停地动来动去，其实这就是利用了人天生自带的注意力起伏。因为注意力不可能长时间集中在一点上，所以会动来动去，经过特殊的组合，你会发现这些本来静止的图像，就好像动起来了一样。

再看看这段话：

> 他盯着镜子里那张脸，发现它越来越模糊，越来越不像自己，像一个亲戚，还是一个朋友？反正好像不是他自己一样。"好吧，"他说，"既然那不是我，就随他去吧。"

你有没有过这种经历？老盯着镜子里的脸，就会感觉陌生；老盯着一个汉字，就越来越怀疑它是不是这么写；老感受自己，就产生一个疑问：我是谁？是的，人的注意力是不能长时间集中在一个点上的。注意力的起伏是人身自带的，这可改变不了。

人的眼睛会不停地眨动，被称为瞬目反射。正常人平均每分钟要眨眼十几次，通常两秒至六秒钟就要眨一次。

注意力起伏的生理基础是杏仁核，它不停地动来动去，不能长时间集中，所以，要练习注意力的集中，首先要知道不要强迫这类注意力分散。

第二类注意力分散是因为身体能量不足。莫言的小说里总是充满了人饿坏了之后精神上的幻想。饥饿的人躺在草地上，注意力就不得不分散起来，因为身体能量实在太短缺了。

造成身体能量短缺有很多原因，不过注意力缺失的最多的原因，不外乎吃得不好、没吃饱、睡眠不好等；如果是儿童的话，那就还有一个原因：家长（尤其是母亲）没有尽职尽责，觉得孩子只要有吃有喝就行了，把孩子当猪养，就会让孩子的镜像自我缺失，社会脑萎缩；社会脑萎缩就像灵魂少了半个，就等于半死的状态了。

而成年人的注意力的分散，则是身体能量匮乏的最直接表现。注意力、意识、记忆力、逻辑思考能力等大脑活动，都是非常消耗能量的（占全身能量消耗的百分之二十），一旦身体能量缺乏，就必须先保住心脏和免疫系统之类的最根本的生理机能，所以注意力才不能集中，这是身体的自动保护策略。

强迫注意力集中的后果是什么？比如欢乐谷的各种刺激项目，或像蹦极等极限运动，玩的时间都不能太长。每个项目一分钟左右就可以了，如果一个项目安排半个多小时，那就会有三个结果：1. 人失控了。2. 人麻木了（其实这两个可以并作一个结果，那就是人被逼疯了）。3. 病了。所以去欢乐谷，有很多人排队是件好事儿，要不然，欢乐谷就不叫欢乐谷，得改成"疯子制造地"了。

如果在意识之外还有一件非常重要的事情，需要运用你的注意力，它会怎么办？

它会像一个被忽略的、很重要的小孩儿一样，不断地扯你的袖子，要你去注意他。你越不理他，他就越玩儿命地撩拨你。这时，你就会很焦虑。焦虑源，就来自那些被压抑的、被规避的，却隐隐约约存在着的非常重要的事情，它会把你的注意力拉开，让你分神，但因为这个很重要的事情又被压抑着，或者忽略了，你就会焦虑。

前面提到的小朋友D就有焦虑症。其中一个焦虑源，是他不愿承认也不愿正视的，是出现在青少年尤其是男孩儿间的很常见的行为：手淫。他觉得很丢人，但是又不敢跟人说，于是总是在逃避，当我和他解释完手淫的原因、身体机制之后，基本上就解决了一大半焦虑症状。

你规避的任何重要的事情，都会成为焦虑源，而非常重要又被故意规避的事情，就会成为非常棘手的焦虑源。所以，必须把某件压在你心

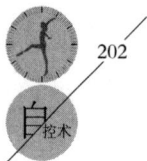

上的事情落实并结项，不管你是认真完工还是草草完工，或者是阶段性的完工，前提必须得"完"才行。

当我们不想看到它，往往会故意压抑它。比如我们喝酒，但是又觉得不应该喝，此时，我们就会选择压抑或忽视它，但它又觉得自己很重要，于是我们就开始无法集中注意力，焦虑起来，且不断地分神。它似乎一直在你耳边唠唠叨叨，很烦人，在英语中很形象地称其为"内在唠叨"（inner nag）。

那么，它怎样才肯停下唠叨呢？如果真的不能去做它，只要告诉它，你以后会去做即可；或者告诉它，你为什么不能去做。总之，你要正视这个焦虑源，否则它就不会消停。

当你意识到焦虑，就不能躲避，必须问清楚它到底想让你干什么。烦躁、焦虑、焦躁、不安、心神不宁、手足无措等，其实都是一种情绪的不同措辞，都是因为这个内在唠叨，都是因为有个很重要的东西需要我们去关注它，不管是否能解决它。

接受情绪，才能控制行为。如果找不到原因，就可以去体验这个感觉，看看是哪部分肌肉紧张，问问自己为什么会有这种感觉。找到了情绪源，用说出来的话或者写出来的文字安慰它，它就不再回来，要不然它就会迷茫，让你焦虑、分神。

焦虑是一种情绪，分神则不是，但它导致了焦虑。分神的原因是潜意识和显意识同时掌控大脑。焦躁、心神不宁、坐立不安、手足无措、莫名其妙地发火、注意力无法集中……

分神或称注意力分散、注意力集中不起来，其根本原因是身体能量不足，导致心智不能从身体能量蓄水池里取用到能量。如果你发现自己不断分神，该怎么解决呢？调动提高身体能量的那些措施即可。

不过那些措施都是长期的。若想要瞬间解决问题，就要：1. 吃点儿东西，最好是甜食，以补充身体能量；2. 小睡一会儿；3. 洗个热水澡等。这些都是身体能量的基本补充形式。

第三部分

透心儿亮看世界

从前的心理学研究大多采用猜测和验证的方式。因为不能钻进人脑去观察，因此只能以一种比较模糊的形式——心理学效应——来说明结果。各种心理学效应是有价值的，它包含了心理学不同层面或不同方面的碎片，并将其打包成为整体，便于理解，也便于流通。但仍存在一个缺点：条目太多。比方说，墨菲定律（Murphy's Law）实际上是吸引力法则，而吸引力法则其实就是成功定律，它还可以叫罗森塔尔效应、皮格马利翁效应、比马龙效应、翁格玛丽效应、约翰逊效应、贝尔效应、鸟笼效应等。

七层自我理论的价值，除了把自控变为现实之外，还给了我们一个类似于显微镜的工具，可以解释几乎所有的心理学效应和现象。这样一来，用七把钥匙就能打开世界的大门了。

那些与自控有关的事

第十五章

这些故事，看似毫不相关，但是只要从七层自我角度进行分解，其实说的都是那七个自我的故事。

说你行，你就行，不行也行

1907年，哈佛大学心理学家教授詹姆斯退休了，他有一个老朋友物理学家卡尔森也退休了。一天，詹姆斯和卡尔森打赌说："老伙计，我一定能让你养一只鸟的。"卡尔森不信，因为他从来没养过鸟，也从没想过要养鸟。

几天后，卡尔森生日，詹姆斯送给了他一只精致的鸟笼做生日礼物。卡尔森看它很精致、很漂亮，就当一件艺术品收藏了。

从此以后，只要有客人来，看到书桌旁边那只空荡荡的鸟笼，就都会问道："教授，你养的鸟什么时候死了？"卡尔森只好一次次地向客人解释："我从来就没养过鸟。"但是，客人们总是将信将疑。无奈之下，卡尔森只好买了一只鸟装在笼子里。詹姆斯打赌赢了，并有了"鸟笼效应"。

有一个美国上尉认为他的某个同事是倒霉蛋，不经意开了一句玩笑："如果一件事情有可能弄糟的话，让他去做就一定会弄糟。"后来这句话被迅速传开，多年后成了一个定律："如果一件事有两种结果，其中一种是灾难性的，那么，总会有一个人或某些人用你知道或想象不到的方式去实现这个灾难。"它还出现了很多变体，比如"如果坏事有可能出现，不管可能性多小，它总会发生"或者"趁着今天还能笑赶紧笑吧，明天未必比今天好"等，此谓"墨菲定律"。

越担心一件事，它就越可能发生。担心自己会发胖，就像下了一道命令让脂肪速速到来。

眼睛是情绪的窗户，你的任何担心都会通过眼睛传达出去，这个"带着担忧情绪"的你会变成人们社会脑的一部分，他们看你的眼神中会把同样的情绪再传递给你，你的社会脑接受到这个信息，就会更加担心，再经由其他方式把这个情绪传递出去……如此循环往复，你的社会脑里就只剩下"胖胖的自己"了，还想不发胖吗，尤其是当掌控惯性的神经链和掌控与意愿对抗的反意志力也加入了战斗之后？

如果有急事儿在街上拦出租车，你会发现街上所有的出租车不是正在载客就是赶着去交接，左等不到，右等不到；而当你在同一时间内在路边遛弯儿的时候，却总会发现一会儿过去一辆空车，一会儿又过去一辆。

用情绪脑决定心理时间的理论解释是：每一毫克肾上腺素都会拖长时间。有急事儿就会焦虑，焦虑就会分泌肾上腺素，有了肾上腺素心理时间就会延长。所以，虽然在同一时间段内出租车出现的概率相同，但是由于心理时间延长，空出租车出现的频率就仿佛大大降低了。

"别试图教猪唱歌，不但不会有结果，还会惹猪不高兴。""交给那个人去做就一定会搞砸。"

这里所谓的"猪"，指的是人——一头总不听你规劝的蠢猪。现在假设你规劝过他十次，有效五次，无效五次，你是否仍然会觉得他总是不听你的规劝，所以是头蠢猪？根据肾上腺素决定心理时间的理论，他听你规劝的五次的时间总和，会远远小于不听你规劝的那五次。

自控术

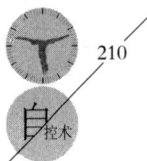

同理可解释第二句，但是可以把"时间的长度"换成"次数的多寡"。

1968年，美国心理学家罗森塔尔和雅克布森做了个实验：他们来到一所小学，经过一系列的测试和评定，从每班抽出三名，共计十八名学生，他们非常认真严肃地告诉校长、老师和这些学生，这十八个人被鉴定为"新开的花朵"，具有不可估量的前途。其实这些学生都是随机挑出来的，根本没有什么测试和评定。八个月后，罗森塔尔回到这所学校对全体学生进行智力测验时发现：这十八个人不仅成绩提高得快，而且性格开朗、求知欲望强烈，跟老师们的关系和感情也都非常融洽，毕业后的跟踪观察更加显示，这十八个人在自己不同的领域都非常出类拔萃。由此，罗森塔尔想到了希腊神话里的一个故事：塞浦路斯的国王皮格马利翁很善于雕刻，他不喜欢塞浦路斯的凡间女子，决定永不结婚。他用神奇的技艺雕刻了一座美丽的象牙少女像，在夜以继日的工作中，皮格马利翁把全部的精力、热情和爱恋都赋予了这座雕像。他像对待自己的恋人那样抚爱她，装扮她，为她起名加拉泰亚，并向神乞求让她成为自己的妻子。爱神阿佛洛狄忒被他打动，赐予雕像生命，并让他们结为夫妻。这种现象就叫作"皮格马利翁效应"或"罗森塔尔定律"。

教师们对罗森塔尔提供的名单深信不疑，于是就产生积极情绪，厚爱那十八个学生。老师们的情绪会下意识地通过语言、笑貌、眼神等传达给那十八个学生，而那十八个学生的"镜像自我"会映照出这些，这和他们对自己的期待又产生了共鸣，于是就有了这个奇迹。

所有人都相信且丝毫不怀疑罗森塔尔这个权威教授的结论，所以反意志力是休眠的。

同理可解释努力反向效应、翁格玛丽效应、约翰逊效应等。

原来，那句"说你行，你就行，不行也行；说不行，就不行，行也不行"确实是真理，而且还可以加一句"我能行，就能行，不行也行；我不行，就不行，行也不行"。

请试着从情绪脑和社会脑的角度来分析一下这两个故事。在读者调查中，十个人中有八个人觉得它们很有意思，有九个人觉得它们能帮助自己从七层自我角度来理解世界。

心理学和动物学专家做过一个有趣的对比试验：在两间墙壁上镶嵌着许多镜子的房间里，分别放进两只猩猩。一只猩猩性情温顺，它刚进到房间里，就高兴地看到镜子里面有许多"同伴"对自己的到来报以友善的态度，于是它很快和这个新的"群体"打成一片，奔跑嬉戏，彼此和睦相处，关系十分融洽，等到三天后，当它被试验人员带出房间时还恋恋不舍；另一只猩猩则性格暴烈，它从进入房间的那一刻起，就被镜子里面"同类"那凶恶的态度激怒了，于是它就与这个新的"群体"进行无休止的追逐和厮斗，三天后，它是被试验人员拖出房间的，因为这只性格暴烈的猩猩早已气急败坏、心力交瘁而亡。

希腊神话故事中有位英雄大力士叫海格立斯，有一天，他走在坎坷不平的路上，看见路边有只鼓起来的袋子，海格立斯觉得很碍眼，便踩了那东西一脚。谁知那东西不但没被海格立斯一脚踩破，

自控术

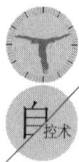

反而膨胀起来，并成倍成倍地加大，这激怒了英雄海格立斯。他顺手操起一根碗口粗的木棒砸那个怪东西，结果那东西竟然膨胀到把路也堵死了。海格立斯奈何不了他，正在纳闷，一位圣者走过来说："朋友，快别动它了！忘了它，离它远去吧！它叫仇恨袋，你不惹它，它便会不会有变化；你若侵犯它，它就会膨胀起来与你敌对到底。"

现在，我们来看看这个大家都知道的效应，是否可以用七层自我的工具解剖，或者用七层自我的显微镜看透。

《圣经》中"马太福音"一章里有句名言："凡有的，还要加给他，叫他有余；凡没有的，连他所有的也要夺去。"美国著名哲学家罗帕特·默顿也发现了同样的现象，即荣誉越多的科学家，授予他的荣誉就越多；而对那些默默无闻的科学家，其成绩往往不被关注。他在1973年把这种现象命名为"马太效应"，这样粗枝大叶的心理学结论，其实还得调用人们的盲从心理来解释。同时，用七层自我的显微镜照一下，也立刻就能显出端倪。

提示：可以从情绪脑、镜像自我和神经链三个角度解释，或从反意志力和前额叶的角度。

官二代为什么这么横

2010年10月16日晚，在河北大学新区超市前，一辆黑色轿车将两名女生撞出数米远。被撞的陈姓女生于17日傍晚经抢救无效死亡，另一女生重伤，经过紧急治疗慢慢脱离生命危险。当日，肇事者竟口出狂言："有本事你们告我去，我爸是李刚！"

用"镜像自我+神经链"的工具解构这个故事为：

社会脑会吸收我们周围环境里的人，把他们变成我们自己，所以"我爸是李刚"可以换成"我的一部分是李刚"；"小李刚"肯定有过无数次犯事后拿权压人的经历，以至于他的这种行为会形成根深蒂固的神经链：犯事—恐吓—没事儿或私了，已成为一种常态。如果不是此次被曝光，估计这个习惯会在他一生中不断地延续。

现在，你可以用"社会脑+神经链"的角度来解构以下效应。当然，从其他五层自我的角度，也可以看透这些现象，但是，先选取两个角度解释，就能逐渐学会彻底用七层自我解释，另外你还可以比较一下，从七层自我的角度解释以及从其他角度解释的优劣，看看这个分析方法能否让你更加透亮地看清世界的真相。

·旁观者效应

吉诺维斯案件是1964年发生在美国的一起凶杀案。案发的那天凌晨三点，一位名叫吉诺维斯的姑娘在返回公寓的途中被一名歹徒持刀杀害。

案件持续了三十多分钟，遇害者的三十八个邻居听到了呼救声，其中许多人还走到窗前看了很长时间。然而，在遇害者与歹徒搏斗的三十多分钟时间里，没有一个人去援救她，甚至没有人行举手之劳打电话及时报警，致使一件本不该发生的惨剧成为事实。

案件发生后，社会各界反响强烈。有人认为，惨剧发生的根本原因在于都市人际关系的冷漠，而社会心理学家们则不这么悲观。他们认为，人们没有及时提供帮助的原因，在于许多人都有一种"也许其他旁观者会帮助受害者"的想法，所以，大家都对别人抱有良好的期望，把责任推给了别人，并认为自己没有提供帮助的义务，结果导致谁也没有真正提供帮助。

旁观者效应的根源，在于责任的分散。旁观者越多，每个人所感受到的自己所肩负的责任就越小，因而提供帮助的可能性也越小；而那些认为"除了自己没有人会去帮助受害者"的旁观者，则会感觉到自己对受害者负有不可推卸的救护责任。众目睽睽之下发生如此之多的惨剧，不为别的，只因为在场的人数。

·破窗理论

美国心理学家詹巴斗曾经做过一个偷车试验，将两辆一模一样的轿车分别放在一个环境很好的中产阶级社区和环境比较脏乱的贫民区，结果发现贫民区的车很快被偷走了，而另一辆车几天后仍然完好无损停在原地；但如果将中产阶级社区的那辆车的车窗玻璃打破，几个小时后，那辆车也会被偷走。后来，在此试验的基础上，美国政治学家威尔逊和犯罪学家凯林提出破窗理论：如果有人打坏了一栋建筑上的一块玻璃，又没有及时修好，别人就可能受到某些暗示性的纵容，去打碎更多的玻璃。

用台灯把老公换了

2012年6月，某拍卖行推出首场艺术品拍卖会，齐白石、李可染、吴冠中、晏济元等书画名字的作品受到了重庆藏家的热捧。但对于普通老百姓来说，这些名家的作品单价可能相对较高。为了满足更多藏家收藏艺术品的需要，23日，该拍卖行将在重庆民主党派礼堂举行第二场艺术品拍卖会，推出大量低价位的艺术精品。

本场拍卖共推出拍品三百多件，总估价近三百万元。估价最高的拍品是范曾的《一行观象图》，估价在二十八万元左右；而估价最低的拍品，是卢德龙的一幅书画作品，起拍价仅四百元，是本场起拍价最低的拍品，另外还有六百元、八百元起拍的拍品。

先说拍卖行的起拍价为什么那么低，比如北京三环的房价都两三万了，拍卖行的起拍价才一万；某稀世古玩，起拍价可能是五万，但轮番涨价后，估计会到五百万……门槛低，人们就特别容易进入，为什么呢？

看到四百这个数字后，你的大脑就开始搜索四百元能干什么。你最经常用四百元干什么呢？拿我的神经链（深层记忆，并不通过意识，所以整个过程是瞬间无意识完成的）来说，它所记载的跟四百元等同的是"可以去郊区游览一圈"，好吧，这样一比较，很显然，范曾的画好像更有诱惑力，于是你打算去拍卖行看看。

到了拍卖行会发生什么事情呢？大家都情绪高昂，你的情绪也必然会被感染，随着别人一轮一轮地叫价，你也就会像大家一样越来越激动了。

由此，情绪脑和神经链就挟持了你。

接下来你可以用七层自我的角度解释以下案例（如果你发现有不对劲儿的地方，那么你可以查看本节末尾），这是一个周立波的段子——《台灯换老公》：

> 有一天，一位女士在超市看到一款欧式的台灯在大降价，于是一咬牙买了下来。
>
> 等回到家越看越别扭，觉得自己的桌子配不上这盏台灯，于是又一咬牙，把桌子换了。

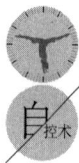

新台灯放在新桌子上的感觉很好，可是往周围一看，又觉得不对，地板配不上桌子了，于是再一咬牙，就铺了地毯。

铺完地毯之后发现床不对，接着换了床；换了床之后，她盯着床上熟睡的老公，感觉老公也配不上这张床了……

这个故事其实是有典故的。十八世纪，法国有个哲学家叫丹尼斯·狄德罗，一天，朋友送他一件质地精良、做工考究、图案高雅的酒红色睡袍，狄德罗非常喜欢。可当他穿着华贵的睡袍在家里寻找感觉时，总觉得家具风格不对，地毯的针脚也粗得吓人。于是，为了与睡袍配套，旧的东西先后更新，书房终于跟上了睡袍的档次，但他仍然觉得很不舒服，因为自己居然被一件睡袍胁迫了。两百年后，美国哈佛大学经济学家朱丽叶·斯格尔在《过度消费的美国人》一书中，把这种现象称作"狄德罗效应"，亦可称作"配套效应"，也就是人们会在拥有了一件新的物品后不断配置与其相适应的物品，以达到心理上的平衡。

· 进门槛效应

在心理学上，"进门槛效应"指的是如果一个人接受了他人微不足道的一个要求，为避免认知上的不协调，或是想留给他人前后一致的印象，就极有可能接受其更大的要求。美国社会心理学家弗里德曼与弗雷瑟是这样实验的。

实验者让助手到两个居民区劝说人们在房前竖一块写有"小心驾驶"的大标语牌。他们在第一个居民区直接向人们提出这个要求，结果遭到很多居民的拒绝，接受的仅为被要求者的百分之十七；而在第二个居民区，实验者先请求众居民在一份赞成安全行驶的请愿书上签字，这是很容易做到的小小要求，几乎所有的被要求者都照办了；几周后，他们再向这些居民提出竖牌的有关要求时，接受者竟然占到被要求者的百分之五十五。

研究者认为，人们拒绝难以做到的或违反个人意愿的请求是很自然的，但一个人若是对于某种小请求找不到拒绝的理由，就会增加同意这种要求的倾向；而当他卷入了这项活动的一小部分以后，便会产生符合被要求的各种知觉和态度。这时，如果他拒绝后来的更大要求，就会出现自己认知上的不协调，想恢复协调的内部压力就使得他继续答应或提供更多的帮助。运用这个方法来使别人接受自己要求的现象，心理学上叫做"进门槛效应"。

·多米诺骨牌效应

楚国有个边境城邑叫卑梁，那里的姑娘和吴国边境城邑的姑娘同在边境上采桑叶、做游戏，吴国的姑娘不小心踩伤了卑梁的姑娘，卑梁的人带着受伤的姑娘去责备吴国人，吴国人出言不逊，使得卑梁人十分恼火，杀死吴人走了。吴国人去卑梁报复，又把那个卑梁人全家都杀了。

卑梁的守邑大夫大怒，说："吴国人怎么敢攻打我的城邑？"

于是发兵反击吴国人，把当地的吴人老幼全都杀死了。

吴王夷昧听到这件事后很生气，派人领兵入侵楚国的边境城邑，因此发生了大规模的冲突。吴国公子光又率领军队在鸡父和楚国人交战，大败楚军，俘获了楚军的主帅潘子臣、小帷子以及陈国的大

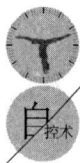

夫夏啮，接着又攻打郢都，俘虏了楚平王的夫人回国。

·蝴蝶效应

纣王登位初，天下人都认为在这位精明的国君治理下，商朝的江山一定会坚如磐石。

一天，纣王命人用象牙做了一双筷子，十分高兴地使用这双筷子就餐。他的叔父箕子看见，就劝他收起来，而纣王却满不在乎，满朝文武大臣也不以为然，认为这本来是一件很平常的小事。

箕子为此忧心忡忡。有的大臣莫明其妙，就问他原因，箕子回答说："纣王用象牙做筷子，必定不会再用陶制的罐碗盛汤装饭，肯定要改用犀牛角做成的杯子和美玉制成的饭碗；有了象牙筷、犀牛角杯和美玉碗，难道还会用它来吃粗茶淡饭和豆子煮的汤吗？大王的餐桌从此顿顿都要摆上美酒佳肴了；吃的是美酒佳肴，穿的自然要绫罗绸缎，住的就要富丽堂皇，还要大兴土木筑起楼台亭阁以便取乐，想到这样的后果我觉得不寒而栗。"

五年后，武王攻下朝歌，商亡。

你发现什么不对了呢？我想其中之一应该是标题不对。多米诺骨牌效应和楚国的故事不太搭边儿，蝴蝶效应和纣王又有什么关系呢？

有的，其实多米诺骨牌效应与楚国故事的原标题"冤冤相报何时了"、蝴蝶效应与纣王故事的原标题"棘轮效应"实际上说的都是一回事儿。

这些故事，看似毫不相关，但是只要从七层自我角度进行分解，其实说的都是那七个自我的故事。

爱情的长度和强度

田鼠是终身一夫一妻制的动物。英国《卫报》报道，美国加利福尼亚州立大学的学者专门对这种动物进行了跟踪，研究它们的大脑和行为，分析它们爱情的产生与消亡过程。结果发现，当雄田鼠和雌田鼠交配以后，雄田鼠就会一生一世忠于雌田鼠，每当这个时候，雄田鼠的大脑就会释放出大量多巴胺。

主持实验的布兰登·阿拉戈纳教授把多巴胺戏称为"爱情的毒药"。当实验小组把多巴胺注射到从来没有交配过的发情期雄田鼠大脑里时，发现这个"年轻小伙儿"马上放弃了"大片的森林"，而是一心一意地去追求第一时间出现在它视野里的那只雌田鼠。进一步的研究发现，多巴胺这种化学物质会改变雄田鼠大脑，并形成一条新的、牢固的神经链。现在有伴侣或曾有过伴侣的雄田鼠见到一个新异性时，大脑里的这条链接产生剧烈的阻挠作用，虽然这个时候雄田鼠大脑里也会产生"爱情的毒药"多巴胺，但多巴胺会被固有的神经链导走，导致雄田鼠对任何新异性都非常冷淡，因而无法燃起激情。

大脑中心——丘脑是人的情爱中心，其间贮藏着丘比特之箭——多种神经递质，也称为恋爱兴奋剂，包括多巴胺、肾上腺素等。当一对男女一见钟情或经过多次了解产生爱慕之情时，丘脑中的多巴胺等神经递质就源源不断地分泌，势不可当地汹涌而出。于是，我们就有了爱的感觉。

多巴胺是爱情中最重要的物质，能让人一时处于疯狂的状态，会让你无法意识到对方的缺点，会挡住你的视线。到了性爱阶段，就会分泌催产素或者加压素，而这些激素大概能维持两年时间，最多也就三年四年。一般来说，如果男人和女人认识超过两年，内心就再也不分泌能感受爱情的荷尔蒙，爱情就会冷却。

爱情是美妙的，多巴胺带来的激情会给人一种错觉，以为爱可以永久狂热。不幸的是，我们的身体无法一直承受这种刺激，也就是说，一个人不可能永远处于心跳过速的巅峰状态。多巴胺的强烈分泌，会使人的大脑产生疲倦感，所以大脑只好让那些化学成分自然新陈代谢，这样的过程可能很快，也可能持续到三四年的时间。随着多巴胺的减少和消失，激情也由此不再，爱情归于平淡，甚至干脆分道扬镳，于是就有了这个笑话：

> 有位美国前总统和夫人去一家农场参观养鸡舍，夫人看见公鸡在母鸡身上"嘿咻"，突发奇想地问陪同的农场主说："你能否告诉我公鸡一天在母鸡身上尽多少次做'丈夫'的责任？"农场主答："时时尽责，一日十余次。"夫人说："请把结论告诉总统。"农场主刚跟总统说完，总统问道："公鸡是每次都在同一只母鸡身上尽责任吗？"答："每次都更换伴侣。"总统说："请把结论转告夫人。"

反意志力的效果特别容易出现在地位极端不平衡的男女搭配上。当激情退尽，把双方留在一起的，不再是多巴胺和肾上腺素，而是亲情。当其中一方无条件地付出和服从，甚至不惜以自残的方式付出，以激起对方的道德感时，就会让对方从道德的角度来维系关系，陷入到美德账户中去，反意志力开始起作用，关系陷入死局。因为另一方每履行一次道德责任，就会在美德账户里多一份资金，就必须用出轨的形式来消耗这些资金了。

到分手时，他们都会找出很多理由来指责对方，其实大可不必，只是因为维系双方关系的亲情还没有出现，而道德一旦介入两人关系，非道德就成了奖赏，必然导致过度消费了。

责骂对方自私、不道德、另有新欢，满怀委屈地觉得自己付出了那么多根本没用，只要道德账户一确立使用，即使靠外力压迫又和好了，终究会再度破裂——反意志力是会不断积聚力量的。

读一下这个故事，看你是否能用七层自我的手术刀解剖它。

一位老人在一个小乡村里休养，但附近却住着一些十分顽皮的孩子，他们天天追逐打闹，喧哗的吵闹声使老人无法好好休息，在屡禁不止的情况下，老人想出了一个办法。

他把孩子们都叫到一起，告诉他们谁叫的声音越大，谁得到的报酬就越多，他每次都根据孩子们吵闹的情况给予不同的奖励。到孩子们已经习惯于获取奖励的时候，老人开始逐渐减少所给的奖励，最后无论孩子们怎么吵，老人一分钱也不给。

结果，孩子们认为受到的待遇越来越不公正，认为"不给钱了谁还给你叫"，再也不到老人住的房子附近大声吵闹了。

峰终理论：你幸福吗？

美国著名幽默作家马克·吐温有一次在教堂听牧师演讲。最初，他觉得牧师讲得很好，很受感动，于是便准备捐款。过了十分钟，牧师还没有讲完，他有些不耐烦了，决定只捐一些零钱。又过了十分钟，牧师还没有讲完，于是他决定一分钱也不捐。到牧师终

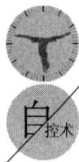

于结束了冗长的演讲，开始募捐时，马克·吐温由于气愤不仅未捐钱，还从盘子里偷了两元钱。

峰终理论（Peak Value and End Value）是说：一次经历在事后给你带来的愉悦感，并不取决于整个事情持续性的平均体验，而是将它给你带来的体验的高峰值和收尾值相加并除以二。

比如，你被问到假期过得怎么样的时候，也许你会把脑袋里所有的碎片都调出来，然后将这些体验求和并算出一个平均值来，是这样吗？

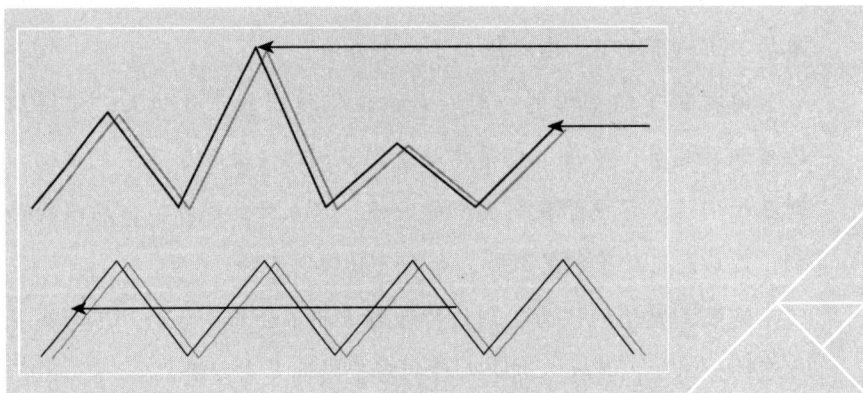

以色列心理学家丹尼尔·卡纳曼（Daniel Kahneman）给予了否定，那不是大脑计算幸福的方式。整体的感觉和印象形成时，我们只是回忆一下最快乐的时刻（peak value）和最后时刻的感觉（end value），然后把两个感觉作为最重要的参考线索，并取个平均值来评估整个假期。因为这个理论，丹尼尔获得了2002年的诺贝尔心理学奖。

更有趣的是，快乐和痛苦的时间长度并不会影响整个假期的整体分数。也就是说，整个过程中好与不好体验的比重和时间长短，对记忆基本没有影响。

我们在学习或读书的时候，可能会有这样的体会：根据位置的不同，学习效果和记忆的效果就不同。实验表明，学习中最前端和最后端的材料要比中间的学得快，一本书的开头和结尾会给读者留下更多的印象。

还比如，多年不见的朋友，在自己的脑海中的印象最深的，其实还是临别时的情景，所以月台是最能寄托相思的地方；还比如一个朋友总让你生气，但你也说不出几点来，那些次要的让人生气的地方已经被这几点遮住了；而且，在学校里斗得你死我活的情敌，如今也可以把酒言欢了，虽然也不是很自在。

对这个理论最大的挑战就是第一次的感觉（第一印象）是否对最终的总体评价有影响。答案是：不会。

心理学家曾做过这样一个实验：研究者向参加实验的两组大学生出示同一张照片，但在出示照片前，研究者对第一组学生说：这个人是一个怙恶不悛的罪犯；而对第二组学生则说：这个人是个科学家。然后他让两组学生各自用文字描述照片上的这个人的相貌。

第一组学生的描述是：深陷的双眼表明他内心充满仇恨，突出的下巴证明他沿着犯罪道路行进到底的决心……

第二组的描述是：深陷的双眼表明此人思想的深度，突出的下巴表明此人在认识道路上有克服困难的意志……

这就是第一印象，我们会依据第一次的感觉去评价对方，并且在今后交往中，第二次、第三次印象都被用来验证第一印象。原理如下：

神经链的形成需要三次放电，第一次是准备，第二次是强化，第三次是完成。第一眼看到一个人有什么印象，确实会确定这个神经链（人

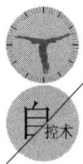

+情绪）的情绪基调。第二次就会期待结果和第一次结果相同，连续三次就会初步形成神经链。

目前看来，第一印象看似牢不可破。但是，如果两个人不是接触个两三次，而是每天接触几十次呢？比如一个部门的同事，每天见到的次数会超过三十次。这时，第一感觉还管用吗？事实证明，已经不管用了。在接触超过十次之后，第一印象的作用几乎就没有了。所以，**第一印象的重要性**，只对那些不能长期接触的人有效，比如人事部和应聘者之间，推销员和一锤子买卖的客户之间。第一印象的重要性，也就止于此了。

峰终理论的应用很多，用在自控力培养上，是一大心理武器，尤其可以用来认清情绪。终值对情绪的影响如此巨大，以至于如果你现在感觉不好，仿佛世界都要塌了，但现在的感觉，只是一个终值，它什么样，并不说明你一直以来都是那个样子的，也不说明你必须立刻行动，你只是现在感觉不好罢了。

你不曾因为当下的终值感而改变分毫；八秒钟以后（ATP能量的持续时间），一切都会回归正常。

超自然现象：我上辈子来过这儿

这种感觉很奇妙，好像我们前世就经历过。

在路边的餐馆里，西比尔·凯夫纳认识了一个新朋友，他们一起聊正在热映的电影《辛普森一家》，突然有种奇怪的感觉：旁边服务员捡起桌上掉落的勺子的动作异常眼熟。一瞬间所有的东西都变得熟悉起来：这个餐馆、这个餐桌、这个位置、对面的朋友，周围的空间似乎都曾见过，西比尔几乎提前知道朋友的下一句话会是："要是早点儿开始看这片子就好了，真遗憾，我刚看到第二季……"这种奇异的感觉只持续了很短时间。

"怎么了？"朋友注意到西比尔的表情。

"没什么，只是感觉刚才那个场景似曾相识而已。"西比尔回答，"这种感觉我常常会有，很正常。"

"是吗，真有意思，我可从来没有过那样的感觉。"朋友说，"怎么可能似曾相识呢？我们刚认识不到一个小时啊！"

确实奇怪，和一个刚认识的人在一个陌生的餐馆，甚至讨论的话题——动画片《辛普森一家》被拍成了电影也是西比尔不久前才刚刚知道的，怎么可能产生似曾相识的感觉呢？

这个世界上，有百分之七十的人，有过这种诡异的经历和感觉，仿佛在重复一次很久之前的经历，荒诞而真实，大多发生在十五岁至二十五岁间的年轻人身上。虽然只能持续几秒钟，但感觉特别真实，细节精确得令人惊讶，而且不仅限于视觉，还涉及听觉、味觉、触觉等感官，体验者觉得眼见的一切都只是在重复记忆中的经历，或者来自前世的碎片。催眠术则成为人们回溯前世的手段，为人们所信服。许多人正是通过催眠见到了自己的前生。

1876年，法国生理学家艾米丽·波拉克在她的著作《精神科学的未来》中，把它称作"不可名状的认同感"，好像人和人、人和场景之间存在着一种奇妙的"缘"。就像贾宝玉对林妹妹说"这个妹妹，我曾见过的"，仿佛验证了美玉和绛珠仙草的前世，他们曾经非常熟悉，只是孟婆汤淡化了他们的记忆，虽然不记得，但从未忘却，现在，这种感觉

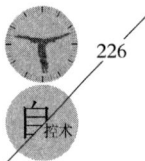

又回来了。

这个感觉分成几种：第一，对人。一见如故或一见钟情，觉得神又再次安排了一次缘分，也许是继续你们俩上辈子没完成的事情。惊奇和惊喜让你感觉这是命中注定的缘分。第二，对环境。许多人去到一个新地方却感觉异常熟悉，对周围的环境了如指掌，甚至细致到每一条小路仿佛都曾经走过，仿佛路边的那朵花为了等你投胎转世一直在开着……

狄更斯的自传性小说《大卫·科波菲尔》里也有这样一段话："我们都有一种偶然而生的感觉，觉得我们所说所做的是很久以前说过做过的事——觉得我们很久以前曾被同样的面孔、同样的事物、同样的环境围绕——觉得我们很清楚再往下事情会如何进行，仿佛我们不是第一次经历它，而是突然记起了这一切似的！"

现在开始解开谜团。

2005年，英国利兹大学心理系阿基拉·奥康纳等人在实验室中复制出了这个现象。欧康诺让实验对象进入隔音的隔间，对他们施行催眠。他们被催眠后，电脑开始大声读出一个二十个单词的列表。这些词中有"便士（penny）"一类的常用词，也有"教会会议（synod）"这类不常见的词语。几分钟后，欧康诺叫醒实验对象，测定他们对于一个新列表上单词的熟悉度，结果表明，百分之四十的实验对象对被催眠时听到过的单词有"似曾相识"的感觉。催眠中读单词，这些声音不会经过意识，而是直接进入潜意识，所以实验对象才对未经历过的事情产生困惑，出现似曾相识感。

我们知道，很多东西我们不记得，不说明它们没有被打包储存起来。十九世纪的美国小说家霍桑在参观英格兰的一座城堡遗迹时，认出了这个地点，觉得异常熟悉，却不知道为什么。后来才发现，是曾经读过两百年前英国诗人亚历山大·蒲柏对此地的描述性的文字。但是更多的人不可能找到他们曾经有过那些经历和收到过那些信息的证据。

我们的五官总在不停地向大脑传递信息，而注意力（意识）只能集中在一个点上，那么，那些我们没有注意到的信息都怎么样了呢？它们被过滤、筛选、打包储存在神经链里，成为深层记忆，它们会出现在我们的梦里和幻觉里。但是这些深层记忆都是片段，都不完整，比如蛇会被片段化成为"细细的、长的、可以弯曲的物体"，从而与绳子等同。所以，我们会出现各种幻觉，虚构出各种情景，做各种各样怪异的梦，这些东西转瞬即逝，成为被遗忘的幻觉。如果突然出现一个男人，正合你所有的心意，你就会觉得这个人就是你的白马王子了，一定就是他了。实际上这是因为你爱什么样的人其实早在心里定型了，你早就梦见过或者幻想过这个类型到底有哪些细节，只是你自己不知道而已，而当他出现在眼前，你当然会觉得就是他了。

大脑的海马体与大脑错觉记忆的关系密切，因为它负责参与深层记忆的编码和储存，是深层的"暂时储存地"和"加工厂"。美国麻省理工学院神经生物学教授、诺贝尔奖生物学与医学获得者利根川进在实验中发现，情景记忆发生问题与海马状突起中的细胞因子NMDA（N-甲基-D-天冬氨酸）有关。他把基因突变的小鼠和正常小鼠放在一个连着通电金属地板的容器中，让小鼠处在轻微震动中。第二天，研究者们重复了前一天的实验，所有小鼠一进容器均立即呆住。随后把小鼠们放在与之前气味和地板形状都略有变化的笼子里，基因正常的小鼠立即恢复了正常，而基因突变的小鼠仍保持发呆状态，因为它们不能辨别，以为还是之前的容器。通过检测小鼠的海马区，研究者们发现，

自控术

在特定记忆中，海马状突起发挥了关键的作用，完好的基因能对相似的情景形成清晰的记忆，反之则难以分清。

另外，负责汇总所有深层记忆（神经链）的左脑颞叶（在大脑后半部分）如果出问题就会使人产生幻觉，因为这部分没有现在、过去、未来的时间感，使得过去和现在没有区别，过去和未来也没有区别，所以在颞叶里没有时间差。

海马体病变和颞叶病变，就是导致这个超自然现象的根本原因。不过，还有一个比较普遍的原因，那就是没吃饱或者营养不良。当饱受饥饿时，人们自然就会产生各种幻想，一种介于真实和幻想之间的状态。虽然此时有时间感、有存在感，但是意识已经快崩溃了。当幻觉和恐惧感同时出现，那就是"撞鬼"的时候了。

本人是白羊座，星座理论如此解释白羊座，而括弧中是我联想以我妹妹（狮子座）和很多同学时做出的批注。

白羊座是黄道和春天的第一个星座。春回大地，万物的生机（我是有生机，可是我妹妹也挺有生机的，连我们班那个最蔫了吧唧的"傻广"估计也这么形容他自己吧？）都表现在白羊座人的身上。春天的气息赋予你崭新生命力，你生机勃勃，激情盎然（这是在激励我吗？看了这几句鼓励人的话，我确实受到了感染或者暗示，仿佛我真的生机勃勃、激情盎然起来）。你需要毫不吝惜地去燃烧自己激情能量（燃烧不了咋办？哦，原来你说的是"需要毫不吝惜地去燃烧"，但是，好像我妹妹和傻广也很"需要"去燃烧自己的激情能量啊）。你不搞权宜之计，不委曲求全，也从不注意细节。白羊座的人的优点是当机立断、付之行动和速战速决（虽然我本人总是扭扭捏捏，拿不定主意，可是，我是这么渴望的啊，我总想能够当机立断，不再委曲求全，可是，我做不到啊！好吧，我估计它可能是在说我的内心，而不是我的行为方式）。这是个有首创精神的人（是，我想起来三年级的时候，我在同桌的女生抽屉里放了一只仿真的老鼠，吓得她接连怪叫，这也算是有首创精神吧）。如果出生时刻、太阳或月亮在这一星座中，那么你会是一个朝气蓬勃、热情坦率、慷慨真诚、坚强勇敢、动作敏捷和有些固执己见的人（年轻人好像都这样啊！）。不足之处是，你说话做事不太审慎，很少注意留有余地，缺乏冷静的头脑和周密的思索。（我确实做错过很多事情，但是，好像我妹妹做错的事情更多吧……）

　　白羊座的你喜欢无拘无束和自行其是，而不愿意步他人之后尘（谁愿意有拘有束，自行他人之是、步他人后尘呢）。如果你的愿望受阻，你也决不悄然收兵（这不是反意志力那块儿吗？难道只有白羊座有这特点？不会吧？看到这儿我就不怎么想看下去了，因为这条把我的心理学背景激发出来了）。

　　白羊座的你的关键词是有活力。骑摩托、驾驶汽车或者乘快艇，只要走得比别人快，就是你的目的（身体能量的重要性）。如果你是一个知识分子，你会有活跃的思想和独特的观察问题的方式（社会脑，我们不希望自己成为背景的一部分）。体育、军事和机械等一切都能大量消耗体能的工作或职业，白羊座的人都能胜任之，并易成为佼佼者（社会脑部分，每头狼都希望成为族长）。

　　白羊座的男性可视为"超人"，你总是被一种渴望得到敬佩和标新立异的狂热所驱使，喜欢表现出压倒一切的精神。你不相信任何失败，总是激情满怀，知难而进。你喜欢长驱直入、速战速决和胜利在望（雄性动物都这样吧？）。

白羊座的人爱情生活常常是波浪起伏的。你用激情去赢得女性，如果你所倾慕的人有所回避，或者求爱遇到了阻力，更会激发你不惜任何代价去征服她的决心（得不到的才更有价值，会激活任何人的多巴胺—ATP系统啊！）。

……………

一位名叫肖曼·巴纳姆的著名魔术师在评价自己的表演时说，他之所以受欢迎是因为节目中包含了每个人都喜欢的成分，所以每分钟都有人上当受骗。星座也是常以一种笼统的、一般性的人格描述来"十分准确"地揭示你的个人特点，心理学上把这种行为叫作"巴纳姆效应"。**同样的话其实对每个星座、每个人都适用**，连标点符号都不用改，那些大词比如"善良""有上进心""有时候管不住自己"之类的，你觉得谁不适用呢？"白羊座的人爱情生活常常是波浪起伏的"，我们可以反问一句：谁的爱情不是起伏的？即使最美好的婚姻，一生中也会有二百多次离婚的念头，五十多次掐死对方的冲动啊！

有位心理学家给一群人做完明尼苏达多项人格检查表（MMPI）后，拿出两份结果让参加者判断哪份是自己的（其中一份是自己的，另一份是多数人回答的平均结果），结果，大多数人都选择了平均结果，觉得那一份才是更准确地表达自己人格特征的报告表。

算命先生、星座书、生肖书上如果说得都很准，估计复制的都是那份明尼苏达多项人格检查表。

再说一个神奇的超自然现象：预测未来。

据说"泰坦尼克"号沉船灾难发生前，有个乘客因为产生"不祥预感"，在登船前最后一刻退掉船票，逃过了这一世纪灾难。那么，人类的大脑是否真能像科幻电影中说的那样"预见未来"呢？美国科学家迪恩·拉丁博士和荷兰阿姆斯特丹大学心理学家迪克·比尔曼教授等人经过一系列惊人实验后宣称，他们相信：人脑真的拥有某种"预见未来"的能力。

美国军方很早就对"预感"兴趣浓厚，并为一项秘密的"星门"研究计划提供过资金。"星门"计划的主要目的是调查人类是否拥有预言未来的能力。"星门"计划研究人员之一迪恩·拉丁将一些志愿者连上一个经过更改的仪器，探测他们皮肤表面的电流，判断他们的情绪感受。当电脑向这些志愿者随机播放各种性感的、暴力的或让人心情愉快的图案时，拉丁博士很快就会发现，这些志愿者在看到这些图画之前，身体就已经对即将看到的图案做出了正确的反应。譬如在看到暴力画面前几秒钟，他们就已经产生了畏缩反应。通过一次又一次地实验，他证实：这种"预感"绝对无法用"巧合"两个字来说明。

荷兰阿姆斯特丹大学的迪克·比尔曼教授决定对"预感能力"进行更深入的研究，实验结果显示，普通人也具有"预见未来"的能力，尽管这些人只能感受"未来的某种感觉"，而不是某种"未来的明确景象"。

这种直觉到底从哪里来？还是我们深层记忆（各种神经链）和后脑的合作。在不知不觉中进入大脑的信息，以及意识根本就回忆不起来的各种信息的总和在进行着自己的逻辑。它是否能让那个在登船前一秒的旅客感觉恐慌，这已经未可知；但是，我们总能发现，跟着直觉走，绝对错不了或是错的时候比较少，尤其是面对非常纠结的选择时。违反

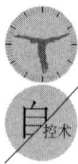

直觉，跟随理智，用各种理由来说服自己艰难地选择另一条路时，最后总有一些意料之外的事情出现，而这些意料之外的事情，总是之前的理智和意识没有参考但又非常重要的信息，我们会一拍脑门儿后悔地说："当时怎么没想过这事儿啊?！"

这里说的直觉可不是要吸烟的直觉或是要打人的直觉，那都是多巴胺-ATP系统和情绪脑合作的结果，和神经链储存的深层记忆没有任何关系。

之前说过，如果你总面临纠结的选择，又不知道自己的直觉是啥，就可以扔硬币。它一定会让你在瞬间知道自己直觉是什么，因为在它落下之前，你会知道自己希望它落成哪一面。就算是酗酒的冲动和发怒的冲动之前，你也可以试试这个硬币实验：先憋住，扔一个硬币，看你到底想让它落在哪一面，那一面代表什么，狂揍那人一顿还是息事宁人，是狂喝一夜还是就此作罢?

彼得原理

我觉得如果你需要自控力的话，最大的压力源之一可能是你的直接上司，不如我们说说他的坏话。彼得原理是西方管理学三大发现之一，由美国人劳伦斯·彼得在对晋升现象研究后得出了一个结论：在各种组织中，都习惯于提拔那些在本职岗位上比较称职的人员。这就是往上爬的现象，那么，爬到什么时候就爬不动了呢？在本职岗位干不好的时候，他就没法得到晋升了。所以人事安排有一种趋向，那就是所有在本职岗位上的管理者都不称职，都不应该得到应有的地位。这种现象在现实生活中无处不在：一名称职的老师被提升为校长后却无法胜任，一个优秀的运动员被提升为主管体育的官员而无所作为，一个被提拔成你的上司的人，总有各种各样的缺点，让他不称职。

这没关系，在所有让人获得健康、享受快乐、享受幸福的因素当中，自控力比IQ多占百分之二十的分量。读完这本书，我相信，你差不多也该在生活中升个级别了，不管是在情绪上、幸福的能力上，还是社会地位上。

祝好。

不，我不祝好，因为我知道你已经更好了。